SHODENSHA
SHINSHO

力は、読む力

一

祥伝社新書

はじめに

受験時代は過ぎ去ったいま、「読む力」を問われることはめったにありません。しかし、ものを書いた瞬間、その力の差は、はっきりと表にあらわれます。「文は人なり」といいますが、書いたものの中に露呈《ろてい》するのは人間性などではなく、その人の読書習慣です。何をどれだけ多く読んできたかではありません。どのように読んできたか。「文章との正しい向き合い方」をそもそも知っているのか。それがあらわになるのです。

――文章との正しい向き合い方。

こういわれて、抵抗を感じる人がいるかもしれません。それこそ受験勉強は終わったのだ。教師の「型に嵌《はま》った読み」につき合うつもりはない。だいいち、「読み」に正邪《せいじゃ》はあるのかと。そんなものは人それぞれが好きにやればいいのではないかと。

そこでいっておきます。

――書くことに通じる「読み」。

これが「読み」の正統です。やはり正邪はあります。

世の中には、年間数百冊というペースで本を読む人がいます。ところが、そういう人の中にも書けない人はいて、だとしたら、そういう人の「読み」はいったい何だったのか問わずにはいられません。読み方が間違っていたのではないでしょうか。

スピードが求められる現代にあっては、ストーリーは追っても、日本語は追わない。受けとることはしても、求めることはしない。そういう「読み」が定着しているのでしょう。これでは何百冊読もうと、読める人、そして書ける人にはなりません。

一方、「読み」を知恵と結びつけて考える向きもあるようです。人生経験を積まなければ、文章は読めないというのです。

小林秀雄《こばやしひでお》が講演で次のようなことをいっています。

合理的精神とは、誰にとっても2＋2が4になる世界をめざすことだ。若者も年寄りも平等な世界。しかし、これはおかしい。2＋2が若者と同じ4であるならば、人が年をとる意味がないではないか。年の功とは何なのか。

そして小林秀雄は、〈思想〉という概念を持ち出します。思想は、合理的精神とは違って、むしろ年齢と関係していなければならない。大人には大人の思想があり、それはときに合理的精神を凌駕《りょうが》するものなのだと。

これは、大人というものを考える上できわめて重要な指摘です。たとえば震災による身内の死を、合理的精神は説明しません。なぜ、そんなことになったのか。合理的精神は、それを偶然とか運命とかの言葉で片づけるしかないのです。

つまり、年少者がその現実にたじろぐばかりであるとすれば、大人はそこに何らかの意味や理由を見出《みいだ》します。小林秀雄のいう〈思想〉とはそのことです。齢《よわい》を重ね、経験を積んだ果てにその人が手にする知恵。大人にはそれがある。小林秀雄はそこに注目しているわけです。

では、「読み」にも、こうした大人の知恵の裏づけは必要なのでしょうか。結論をいえば、知恵は「読み」を支えるが、場合によってはそれを妨害することもある。これが私の考えです。

身内の死を通して深遠なる人生思想を手にする人は、若い人たちの中にもいます。それは、知恵の問題ではなく、対象との向き合い方の問題なのです。「読み」も同じで、知恵のあるなしではなく、文章と正しく向き合えるかどうか。問われるのは、やはりそのことです。

さて、前置きが長くなりました。本書では、

——文章との正しい向き合い方。

——書くことに通じる「読み」。

まず、これらのことを明らかにしていきます。そして、文章はどう書けばいいの

か。最終的にはこの問題に迫ります。「書くこと」にも、じつは正邪があります。

――書きたいことを書くのではなく、書くべきことを書く。

これが書くことの正道なのですが、いまは何のことだかよくわからないでしょう。これについても実例を示しながら説明していきたいと思います。

本書が、「読み書き」の本当の姿を知る契機となることを願って。それではさっそく話を進めていきましょう。

二〇一四年八月

鈴木《すずき》信一《しんいち》

書く力は、読む力――目次

第四章　書くことは読むこと　147

第一章　ちゃんと、読めていますか

直感的な「読み」

教師になりたての頃にこんなことがありました。ある友人女性から『神田川《かんだがわ》』の歌詞を知っているかと聞かれ、知っているなら、最後の部分の意味を教えてほしいといわれたのです。『神田川』とは、かぐや姫が一九七三年に発表した、あの大ヒット曲のことです。

なるほど、口ずさんでみると、一番も二番も歌詞の最後は、同じ印象的な言葉で結ばれています。

若かったあの頃
何も恐くなかった
ただ貴方《あなた》のやさしさが
恐かった

そのとき私は、即答してみせました。『神田川』はよく知っている歌でしたし、私が国語教師になったことを知ってわざわざ聞いてきた彼女の期待に応えたかったのです。

ところが、彼女は答えを聞くなり、「あ、やっぱりいいや」といって話を打ち切ろうとしました。

「ちょっと、待ってくれよ。『やっぱりいいや』はないだろ」

「ごめん。でも、たぶんそれ違うから」

彼女の話はこうでした。

中学校の卒業式の日、担任の先生が教室でギターの弾き語りをしてくれた。それが『神田川』だった。歌い終わると、最後の歌詞の意味がわかるかとクラスに問いかけ、誰も答えられないのを見て、その男の先生がこういった。

「あと十年もすればわかる日が来るだろう。これは人生の宿題にしておく」

そして本当に何も説明しないまま、中学最後のホームルームを閉じてしまったと。

「あれからちょうど十年経《た》ったことに気づいて、でも、いくら考えてもわからなくて、人にも聞いたりして」

「国語の教師ならわかるだろうと？」

「そう。でも、ごめんね。たぶん違う。あなたがいったことは、私が最初に考えたことだし、ほかの人もいってることだから。それじゃあ、人生の宿題にはならない」

私は赤面しました。期待に格好《かっこう》よく応えるはずが、そうはならなかったのです。

「少し時間をくれないか」

私はいって、その後すぐに『神田川』の歌詞を手に入れました。読んで愕然《がくぜん》としました。どうこじつけても、その歌詞から私の答えは引き出せないのです。私が即答し、すぐに却下された答えとは、次のようなものです。

――あなたから優しくされればされるほど、いつか別れの日が来たとき、つまり、いまの幸せが失われたときのショックは、逆に大きくなると思って恐くなる。だからそんなに優しくしないで。

これと同じような解釈をなさっていた方は、意外と多いのではないでしょうか。

神田川　　作詞・喜多條忠《きたじようまこと》

貴方はもう忘れたかしら
赤いてぬぐいマフラーにして

二人で行った横丁の風呂屋
一緒に出ようねって
言ったのに
いつも私が待たされた
洗い髪がしんまで冷えて
小さな石鹸カタカタ鳴った
貴方は私のからだを抱いて
冷たいねって言ったのよ
若かったあの頃
何も恐くなかった
ただ貴方のやさしさが
恐かった
貴方はもう捨てたのかしら

二十四色のクレパス買って
貴方が描いた私の似顔絵
うまく描いてねって
言ったのに
いつもちっとも似てないの
窓の下には神田川
三畳一間の小さな下宿
貴方は私の指先みつめ
悲しいかいって
きいたのよ
若かったあの頃
何も恐くなかった
ただ貴方のやさしさが
恐かった

あらためて読んでわかることは、一番の歌詞も二番の歌詞も、前半のエピソードには共通点があるということです。

それは、「あなた」の行動のちぐはぐさです。一緒に出るはずの風呂は待たせ、うまく描くはずの似顔絵は少しも似てない。いつもその気にさせて、しかし「あなた」が約束を守ることはないのです。「私」は幸せを味わっているわけではありませんでした。つまり、「いまの幸せが失われたときのショックは、逆に大きくなる」などという、のんきな話ではないということです。

歌詞の全文を確認しなかったとはいえ、私の最初の「読み」はあまりにも直感に頼り過ぎていました。小学生の読みとしてなら許されても、受験生の読みとしては許されないでしょう。受験の国語では、論理的な「読み」が要求されます。もっといえば、作者の意図ではなく、表現の意図を客観的に汲《く》みとる力が要求されるのです。受験生ならせいぜい次のように答えてもらわなければ困ります。

——私を粗末にあつかう一方で、優しくもしてくれるあなた。もしかしたら、ほかに好きな人がいるのではないか。その優しさは偽《いつわ》りの優しさなのではないか。そう思うと恐くなる。

いや、歌詞の範囲から導ける、これがぎりぎりの答えでしょう。しかし、彼女はこの答えにも納得しませんでした。聞いて回った人の半分が、じつはそういう答えをいった。それでは人生の宿題にはならない。またもやそういうのです。

大人の智恵による「読み」

歌詞には字数制限がある。よって言葉足らずになることもある。『神田川』はその典型で、この最後の部分はわからなくて当然なのだ。そう処理することもできたはずです。

ただ、わかる人にはわかるのだとしたら（彼女の中学時代の担任はその一人でしょう）、あっさりと捨て置くわけにはいきません。私は国語教師です。プライドにかけて何とか正解を導き出さなければなりません。
しかし私は、最終的には白旗を揚げてしまいました。彼女に答えを聞いたのではありません。彼女もわからなくて困っているのです。私は頭《こうべ》を垂れて、あたりかまわず人に聞いて回ったのです。そして、どれもこれも似たり寄ったりの答えの中で、正解は思わぬ人の口から漏《も》れました。同僚のS先生です。
S先生は四十歳を過ぎた数学の先生でした。気が弱くて優しくて、どちらかといえば、同僚からも生徒からも、からかわれているような人でした。そのS先生がこういうのです。

「同棲相手の彼がほかに女をつくっていた。私は偽りの優しさにすがり続けた愚《おろ》かな女だった――。そんな話をポエムにするでしょうか。聞くほうだって、そんな貧相な話はご免じゃないでしょうか」

私はまずこの指摘に面食らいました。歌の解釈をするのに、詩というものの枠組み、すなわち「詩とは何か」という視点を持ち込んだことに軽い驚きを覚えたのです。

「そんなケチな話は詩になりません」

S先生はそう念押しした上で、次にこういいました。

「相手に『なんだこのやろう』って強く出られたら、『なんだこのやろう』って強くやり返すのが人間でしょ。じゃあ、相手に優しくされたらどうなります？」

気が弱くて優しいS先生が本気で怒鳴《どな》ることはあるのだろうか。私はそんなことを考えながら、「優しく返すでしょうね」と答えました。

「そのとおりです。強くは出られなくなります。この女性も同じなのです。この女性は彼との同棲生活に多少の不安を持っています。悪い人間ではありませんが、理想や夢ばかり追って地に足がついていないような、まあ、男はみなそうですが、そういう人間として彼を見ている。もしかしたら、別れることを考えていたのかもしれません。ところが、彼がときどき見せる優しさに触れると、その決意はたちまち揺らいで、またしても彼の胸の中に包み込まれてしまう。コントロールがきかなくなるのです。『神田川』は、学園紛争全盛の時代を回顧した歌です。当時は親も教師も警察も恐くはなかった。強く出てきたら強くやり返せばよかった。しかし彼は違います。ことというところで優しく接してくるのです。それは無意識のものでしょうが、その優しさを前にすると、彼女は険《けん》を削《そ》がれ、無防備になってしまう。自身が操縦不能になってしまうのです。だから、彼の優しさだけは恐かったのです」

模範解答が用意されていたわけではありません。にもかかわらず、この解釈こそが正しいと確信したのは、そこに大人の知恵を見たからです。

直感や論理は若い人にだってあります。しかし知恵は、齢を重ねた大人たちのものです。２＋２を見て４としかいえないのが若者なら、そこに５や６を透かし見る。それが大人です。そして、その大人にしかわからないものはたしかにあります。

そういう意味では、「読み」は知恵によって支えられているといって差しつかえないのです。

作者の意図、表現の意図

その後、Ｓ先生の新解釈を聞いた彼女は、おおいに納得した様子でした。ただ、こんなふうにもいったのです。

「本当は、作者に正解が聞けるといいんだけどね」

彼女にはいいませんでしたが、これはちょっと違います。作者に正解を聞いても、あまり期待できないのです。理由は簡単です。作者が自分の思いを正確に表現できているとは限らないからです。

ここに小学二年生が書いた作文があるとします。誰が読んでもAのように読める作文です。そこで、その子に聞いてみます。Aという解釈でいいのかと。ところがその子は違うといいます。Bのつもりで書いたのだと。

これはプロの作家でも同じです。筆力が足りないために意図したことが表現にうまく乗らない。そんなケースはいくらでもあります。

文章を前にしたとき、読者はまず〈表現の意図〉を精査し、それが結果的には〈作者の意図〉なのだろうと判断します。ところが、作者の表現力が不足していれば、〈表現の意図〉＝〈作者の意図〉というふうにはならなくなります。この場合、恥じるべきはもちろん作者です。意図したことが伝わらなかった。自分はまだまだ文章修業が足りない。まともな書き手ならそう思って赤面するはずです。

もっとも、ひと昔前の文学研究は、「作家論」が主流でした。作品を、作者の生い立ち、私生活、気質などから分析し、解釈の正解を〈作者の意図〉のなかに求める立場です。そこでは、〈表現の意図〉よりも〈作者の意図〉が上位にあって、それが汲みとれないのは、読者が悪いからだとされました。作者は黙したまま、何ら恥じることがなかったのです。正解は作者に聞かなければわからない、という発想はじつはここから来ています。

しかし〈作者の意図〉ほど、あてにならないものはありません。作者の表現力が完璧だとは限らない上に、〈作者の意図〉そのものも、その輪郭《りんかく》は曖昧《あいまい》なものだからです。これは、どういうことでしょうか。

若かったあのころ
何も恐くなかった
ただ貴方のやさしさが
恐かった

〈作者の意図〉といったときには、この部分に込めた思いのほかに、そう書いたいきさつまでが含まれてしまうのです。そして、そうした裏事情をとことん検証すれば、作品はわかるどころか、逆に壊れてしまいます。文学研究において、「作家論」がもはや主流でなくなった理由はそこにあります。

と、ここまで書いて、次のような引用をするのは憚《はばか》られますが、『神田川』の歌詞の秘密はいまでは広く知られているようですから、どうかお許し願いたいと思います。

時は少しさかのぼる。喜多條氏は早大の学生だった。時は学園紛争の時代。血なまぐさい闘争の真っただ中から帰ると、「お帰りなさい。お疲れさま、今日も大変だったわね」の声。台所から漂《ただよ》ってくるカレーライスのにおいが香ばしい。喜多條氏はその「ギャップ」の大きさに言葉を失っていた。温かい声をかけてくれたのは、自著「神田川」でも触れている池間みち子さん。喜多條氏の同棲《どうせい》相手だ。神田川に面したみち子さんの3畳一間の下宿が、二人だけの時間が流れる空間だった。

だがこの時のギャップが、後に作られる「神田川」に大きな影響を与えたのであった。「若かったあのころ、何も恐くなかった」で終わるはずだった歌詞に「ただあなたの優しさが恐かった」のワンフレーズが付け加えられた。

１９６０年代後半。喜多條氏の学生時代、キャンパスは学費値上げへの反対闘争の真っただ中だった。「人形劇のサークルをやってました。気が向いたときにデモや集会に参加する毎日でした」。みち子さんとの恋の時間も存在しながらも、いやおうなしに、運動は激化していった。「闘争に参加すれば、ヘルメットをかぶっていても、殴られれば割れた。催涙ガスでびしょぬれになった。でも、覚悟さえ決めれば怖くはなかった。それより、今いるところが嫌だった」。

そんな喜多條氏をいつも迎えてくれたのが、みち子さんだった。「デモから帰ったら、そこには完全な日常生活を送っている彼女がいた。優しさが敵なんだ。越えられないけれど、越えなきゃいけないと思った。優しい言葉をかけられると、自分を包んでくれる女に安らいでしまう。それこそ〝日常性への埋没〟じゃないか。安らいでしまう自分が一番怖かった」。

歌詞が長いため「若かった――」で終わるつもりだったという喜多條氏。だが、神田川の流れとともに思い出されてくる光景が脳裏に浮かんでくる。そして、「ただあなたの――」のワンフレーズも自然と口ずさんでいた。

これは、一九九六年十一月三十日付の日刊スポーツに載った記事です。「歌っていいな」というタイトルの特集記事で、名曲の舞台裏を探るという趣旨のもと、全三〇回にわたって連載された中の一つです。

この記事を目にしたときには、私も三十四歳。人生の宿題をめぐる彼女とのやりとりから、すでに十年近くが経過していました。そして、そのさらに数年後、『神田川』の秘密を喜多條忠本人が語るという番組を、テレビで見ることになります。

そこでは、この新聞記事の内容に加え、風呂を待たせたエピソードが作者自身の体験であったことが明かされていました。彼は決して長風呂ではなかったそうです。ところが、風呂から上がったあと、脱衣所の縁側から池の鯉にえさをやるのが日課になっていて、それがついつい長引いてしまい、だから毎回彼女を待たせてしまったというのです。

先ほど、「作者に正解を聞いても、あまり期待できない」という話をしました。そして、「〈作者の意図〉そのものも、その輪郭は曖昧なもの」であるために、「裏事情をとことん検証すれば、作品はわかるどころか、逆に壊れてしまいます」ともいいました。いまなら、よくわかってもらえるのではないでしょうか。

正解は作者の頭の中にあるのではなく、表現の中にある。やはりそう考えたほうがいいのです。問うべきは、書き手はどういうつもりで書いたかではなく、どう読めるかです。「読み」は、文字どおり読み手が主導するものなのです。

知識によりかかった「読み」の実態

どう読めるか――。これは字義や文脈を押さえること、すなわち表現そのものに集中することを意味します。もちろん、常識的な判断をそこに添《そ》えるわけですが、中心はあくまでも表現です。S先生にしてもそれは同じで、S先生は表現をじっと眺め、そこに常識的な判断（この判断がきわめて洞察《どうさつ》に富んだものだった！）を加えてあの解釈を導き出しました。

ところが、世の中にはまったく別のアプローチをする人がいます。『神田川』の歌詞を聞いて、瞬時にある心理学用語を思い浮かべるのです。

「これって、いわゆる〝トラウマティック・ボンディング〟でしょ」

心理学やカウンセリングを学んだ人なら聞いたことがあるはずです。「トラウマティック・ボンディング」とは、継続的に暴力を受けている相手との関係を絶ちたいと思いつつも、その相手から優しくされたりするとすぐにまた相手に傾倒していく、そんな心理傾向を指す言葉です。

暴力被害者は、暴力加害者の機嫌を損《そこ》ねないことが自分の身を守ることだと錯覚し、加害者が泣いて詫《わ》びたりすれば、その加害者を愛情で包み込むことさえするといいます。これは「外傷性の絆《きずな》」と和訳されていますが、『神田川』に登場する男女にはそれに近い関係があるようにも見えます。

ただし、こうした知識は、ときに「読み」を台無しにするのもたしかです。

――知恵は「読み」を支えるが、場合によってはそれを妨害することもある。（6

ページ）

すでに紹介したS先生の読みは、大人の知恵の賜物《たまもの》です。知恵はあるに越したことはありません。しかし知恵というものは、ときに「読み」を固定します。そして知識となると、これは先入観を招いて、「読み」を硬直させます。私の危惧《きぐ》はそこにあります。

　たとえば、『神田川』をトラウマティック・ボンディングの症例の一つとして眺めたらどうなるでしょうか。時代の空気感や、恋そのものが持つ浮遊感、男女の異質性など、それらはすべて看過されるでしょう。そして、風呂を待たせることの肉体的暴力性、似てない絵を描くことの精神的暴力性、その暴力性に無自覚な男の家父長制的なありよう、そういうものにのみスポットが当てられるはずです。

　知識という型にはめて読めば、「読み」はこのように限定的なものになります。そして、そうした「読み」を続けているかぎり、人は書けるようにはなりません。書くために必要な頭の働かせ方は、それとはまったく逆のものだからです。

知ってる、わかってる――、私が現場で教えている生徒の中には、読むことをそのように進めていく子がいます。知ってること、わかってることだけをつまみ食いし、不明な個所は頭から閉め出すやり方です。これも一種の知識に寄りかかった読みといえます。読む前と読んだ後で本人は何も変わらない。つまり「読み」は、ここでも硬《こう》直《ちょく》してしまっているのです。

自由な「読み」

いくたびも　雪の深さを　尋《たず》ねけり　正岡子規《まさおかしき》

子規といえば、三十四歳で亡くなるその晩年はずっと寝たきりであったことが、いくつかの句歌とともに知られています。

その代表歌、「瓶《びん》にさす　藤の花ぶさ　みじかければ　たたみの上に　とどかざりけり」では、作者の視線がまさに畳すれすれに置かれていることがわかります。彼は脊椎《せきつい》カリエスを患《わずら》っており、床《とこ》から身を起こすことさえできなかったのです。思いが届かない、目標に到達しない。「とどかざりけり」からは、志《こころざし》半ばで逝《い》かなくてはならなかった子規の無念が伝わってきます。

さて、「いくたびも〜」の一句も、子規の病床句としてよく知られたものです。意味は問うまでもありません。床から起き上がれずにいる作者が、家人に何度も尋ねているのです。雪はどのくらい降《ふ》り積《つ》もったかと。

しかし、こうした解釈のやり方は、はたして「読み」といえるのでしょうか。じつはこの句を示して、生徒に聞いてみたことがありました。

「雪の深さを、さて、誰に尋ねたのだろう？」

相手は高校二年生です。正岡子規の生涯がどういったものだったかを事前に知る生徒はおりません（それが現在の高校生の実情です）。A君がいいました。

「雪に尋ねたのだと思います」

「どういうこと?」

「雪が最終的にはどれだけ積もるか。それを知っているのは雪だけなので……」

A君の表情には若干《じやつかん》の戸惑《とまど》いがありました。自分の答えに自信がなかったのかもしれません。しかし、そう読むしかないというA君なりの判断が一方ではあったのでしょう。雪の深さは見ればわかる。その見ればわかることをあえて尋ねる。いったいどういうことか。つまりA君は、その不可解さに一つの整合性を与えたのです。

いくたびも　雪の深さを　尋《たず》ねけり

この十七字だけを読んで、作者が病床にあることを直感する人はいるのかもしれません。しかし、たいていは不可能です。つまり、子規の私生活を知って、そこから句意を探《さぐ》ろうという私たち教師のやり方は、「読み」ではなく、しいていえば「鑑賞」

です。知識にこの句を当てはめ、あるいはこの句に知識を添えて、人物鑑賞をしているにすぎません。やはり「読み」の硬直が起きているのです。

ところが、A君は違いました。言葉と常識だけを頼りに、この句の伝えんとするもの、周辺にあるもの、そこへ必死に手を伸ばそうとしています。私はいいました。

「そうだよね。雪の深さは見ればわかる。それでもあえて尋ねるというのだから、これは『誰に』といわれたら『雪に』と答えるしかないよね」

するとB君が別の意見をいいました。

「家の人に尋ねているのだと思います。もちろん雪の深さは自分で確かめられます。いや、もう確認済みなのかもしれません。それでも家族の誰かに声をかけ、『どれくらい積もってる?』と聞くことはあると思います。めったに雪が降らない地方ならなおさらで、みなワクワクしながら情報を共有し合い、雪の降る一日を楽しんでいるのだと思います」

純粋にものを尋ねる場合もあれば、知っているのにあえて尋ねる場合もある。この句は後者ではないか。つまり雪の深さを正確に知りたいわけではなく、言葉のキャッチボールをしながら浮き立つ気分を家族で分かち合っているのだというわけです。

なるほど、これまた理屈が通っています。実際、この意見には多くの生徒がうなずきました。

「ほかにある？」

「家の人に尋ねているという点ではB君と同じですが、この句には逡巡《しゅんじゅん》があるように思います」

答えたのはCさんでした。

「逡巡？」

「作者が雪国の人だとすれば、雪は心浮き立つものではなくて、その逆です。うんざりしている。しかも今日は外出の予定がある。さて、予定どおり出かけたものか、考えがまとめられずにいるのではないでしょうか。だから家の者に雪の深さを何度も尋ねているのだと思います。もちろん自分で確認すればいいわけですが、雪など見たくもないという気分なのではないかと……」

じつはこの授業、子規の生涯を概観したうえで、あとは彼の代表作をいくつか紹介して終わるつもりでした。ところが、たまたま生徒に投げた質問が思わぬ展開を呼んで、私は子規の生涯を明かすことをためらったほどでした。この歌の本意よりも、生徒たちの自由な解釈のほうがよほど面白かったからです。そうです。ここにはたしかな「読み」の姿がありました。

――知識という型にはめて読めば、「読み」はこのように限定的なものになります。

そして、そうした「読み」を続けているかぎり、人は書けるようにはなりません。書くために必要な頭の働かせ方は、それとはまったく逆のものだからです。(33ページ)

先ほどこのようにいいましたが、どういうことでしょう。

いくたびも　雪の深さを　尋《たず》ねけり

たとえばCさんは、この短い言葉から導き出せるあらゆる可能性へと触手を伸ばしています。頼りとしたのは知識ではありません。言葉と、あとは常識です。それを手がかりに、この句の周辺にあるものへと手を差し伸べた。知識を根拠としていないぶん、何に触れるかわかりません。しかし、これこそは、〈既知《きち》の情報〉から〈未知の情報〉を手繰《たぐ》り寄せるという、「読み」の本来の姿といえます。

では、Cさんはこの句をそのように読んで、何を得たのでしょう。彼女は一つの物語を手にしたのです。この短い句から、Cさんは雪国に暮らす人間のとある一日を、その心理とともに手繰り寄せた。Cさんは読みながら、じつは書いてもいたのだと思います。

それは、A君もB君も同じでしょう。雪の深さを雪に尋ねるそんな切迫した物語を、雪の深さを尋ね尋ねられしながら浮き立つ気分を分かち合う家族の物語を、二人はそれぞれ書き上げています。読むことは、じつは書くことなのです。

ところで、A君もB君もCさんも、その「読み」はいかにも自由でした。しかし、注目すべきは、こうした「読み」の自由が〈既知の情報〉を根拠にした自由であった点です。「言葉と常識」の縛《しば》りがあったからこそ、自由な「読み」ができた。これについては、第四章で詳しく説明します。

第二章　人はどのように読んできたか

作品とテクスト

前章では、『神田川』の歌詞を例に、「読み」のさまざまなあり方を見てきました。では、「読み」は、学術界においてはどう扱われてきたのでしょう。今日、作者は死んだとまでいわれるようになったその歴史的経緯を、ここでは、英文学者である丹治《たんじ》愛《あい》の編著『批評理論』を手引きとして概観してみたいと思います。

なお、ここでいう「読み」とは、文学作品の「読み」であり、これから概観するのは文学研究の歴史的変遷であることをお断りしておきます。

一九一〇年代の〈ロシア・フォルマリズム〉と、一九三〇年代の〈ニュー・クリティシズム〉。聞き慣れない言葉だとは思いますが、この二つの思潮が文学研究の新しい地平を切り開いたとされています。では、それぞれどんな役割を果したのでしょう。

ロシア・フォルマリズム

↓

文学作品にこめられた作者の思想や感情といった中身は無視して、作品の形式（韻《いん》律《りつ》、リズム、語りの方法など）にのみ注目した。その結果、作品が作者という絶対的存在から切り離され、テクストとして独立した。

ニュー・クリティシズム

←

作者の意図をそのままテクストの意味とする必要はないとする立場（「意図にかんする誤謬《ごびゅう》」）と、だからといってテクストが読者に与える感情がそのテクストの意味なのではないとする立場（「感情にかんする誤謬」）を打ち出した。

この二つの思潮が登場するまでは、前章でも少し触れた「作家論」と、私が『神田川』でやったような〝直感的な読み〟が文学研究の主流でした。すなわち、〈伝記批評〉と〈印象批評〉です。

伝記批評→作品を作者の生涯と結びつけて理解しようとする「読み」。
印象批評→作品を読後の印象を通して理解しようとする「読み」。

ところが、〈ロシア・フォルマリズム〉が作品を作者から切り離したことで、文学研究は新展開していきます。

その次に登場した〈ニュー・クリティシズム〉が、「意図にかんする誤謬」という概念を用いて〈伝記批評〉を否定し、「感情にかんする誤謬」という概念を用いて〈印象批評〉を否定します。こうして作品は、作者から独立したテクスト、いわば言語的構造体として客体化されるのです。

このテクスト観を、〈ニュー・クリティシズム〉の代表的な批評家の一人であるクリアンス・ブルックスは、「精巧につくられた壺」に喩《たと》えたといいます。つまり、作者の意図からも読者の感情からも超越した、たった一語でも変えれば壊れる、他のテクストからも完全に自立した空間的秩序。それが、テクストであるというわけです。

なるほど、そういわれてみれば、「作品」の「品」は尊称です。作者を意識した呼称です。一方、「テクスト」に作者の影は認められません。日本でも、「作品」を「テクスト」（「原文」「本文」の意）と呼ぶようになった背景には、「作品」の背後にいて常に崇《あが》められる存在だった作者を、そこから閉め出す意図があったのでしょう。

誰もが「思い入れ読み」で読んでいる

さて、ここまで述べて思い出されるのは、小学校教師・向山洋一《むこうやまよういち》の指導実践です。

——たった一語でも変えれば壊れる。

向山洋一は、作品をそういう取り替えのきかないものとし、作品それじたいを精査すれば意味は一つに決まると、新美南吉《にいみなんきち》の『ごんぎつね』を使って、そのことを証明したのでした。どんなものか見てみましょう。

ご存じ『ごんぎつね』は、小学校の教科書にも載っている作品です。

いたずらばかりしていた子ぎつねごんは、兵十《ひょうじゅう》がつかまえたうなぎを逃がして見つかり、ぬすっとぎつね呼ばわりされます。兵十のおっ母《かあ》が死ぬのは、それから十日ほど経った頃です。ごんは、うなぎは病気で寝ているおっ母に食べさせるものだったのだと知って、いたずらを後悔します。ごんも、親のないひとりぼっちの子ぎつねだったのです。ごんは、以来、兵十の家へ栗《くり》や松茸を届けるようになります。兵十は誰が届けるのか知らないまま、やがて神様のしわざと考えるようになります。さて、そんなある日、またごんが兵十の家に栗を届けます。この作品のラストシーンです。

そのとき兵十は、ふと顔をあげました。と、きつねが家の中へはいったではありませんか。こないだ、うなぎをぬすみやがったあのごんぎつねめが、またいたずらをしにきたな。

「ようし」

兵十は立ちあがって、納屋《なや》にかけてある火《ひ》なわ銃《じゅう》をとって、火薬をつめました。そして、足音をしのばせて近よって、いま戸口を出ようとするごんを、ドンと、うちました。

ごんは、ぱたりとたおれました。兵十はかけよってきました。家の中を見ると、土間にくりがかためておいてあるのが、目につきました。

「おや」

と、兵十は、びっくりして、ごんに目をおとしました。

「ごん、おまえだったのか、いつも、くりをくれたのは」

ごんは、ぐったり目をつぶったまま、うなずきました。

兵十は火なわ銃を、ぱたりと、とり落としました。青いけむりが、まだ、つつぐちからほそく出ていました。

（新美南吉『ごんぎつね』）

さて、ここでみなさんに質問です。傍線部に「兵十はかけよってきました」とありますが、兵十は何のためにかけよったのでしょう。ちょっと考えてみてください。

じつは小学生にこの質問をすると、ほぼ全員が次のような答えを返すといいます。

いえ、現場の教師もそれは同じだと。

――ごんがどうなったかをたしかめるため。

しかし、向山洋一は、これこそは「表現から遊離《ゆうり》した思い入れ読み」だといいます。そのようには読めないと。

なるほど、私たちは表現を曲げてでも、自分の読みたいものを読もうとするときがあります。ラブレターには断りのせりふがたしかに書かれているのに、それを脈ありと読み違えるあれです。しかし向山洋一は、これを「思い入れ読み」として厳しく排除します。

――（今度は）どんないたずらをされたか、確かめるため。

これが正解です。そう書いてあるというのです。兵十の視線の動きを丁寧にたどれば、兵十の関心が最初はごんになどなかったことがわかると。

そして、足音をしのばせて近よって、いま戸口を出ようとするごんを、ドンと、うちました。

ごんは、ぱたりとたおれました。兵十はかけよってきました。家の中を見ると、土間にくりがかためておいてあるのが、目につきました。

「おや」

と、兵十は、びっくりして、ごんに目をおとしました。

かけよったあと、兵十がまっ先にしたことは、家の中を見ることでした。そして、土間のくりに目をとめます。ごんへの関心が生まれるのはこのあとです。「おや」と、兵十はびっくりして、そこではじめてごんに目を落とすのです。

〈ニュー・クリティシズム〉の流れを汲む「読み」の方法論を、「分析批評」と名づけて日本にいち早く紹介したのは小西甚一《こにしじんいち》でした。大佛次郎《おさらぎじろう》賞を受けた『日本文藝史』や、受験参考書『古文研究法』などで知られる国文学者です。この「分析批評」を教育現場に広めたのが向山洋一です。彼は「教育技術法則化運動」を率《ひき》いて、八〇年代の教育界に一大ブームを引き起こしました。

もっとも、分析批評的な「読み」は、いまでは常識となっています。とくに受験国語の世界では、「問題文が示す範囲の中でどう読めるか」という、いわば表現の中に根拠を求める「読み」が求められています。

ところで、先ほどの引用個所ですが、作者である新美南吉は何も考えずにあれを書いたのかもしれません。しかし、兵十の視線をあの順番で移動させてしまった以上は、「かけよったのは、ごんがどうなったかをたしかめるためだ」との主張は通りません。仮に新美南吉本人がいったとしても、それを正解と認めるわけにはいかないのです。

――ごんがどうなったかをたしかめるため。

こう答えてしまった人は、次の一文に引っ張られたのでしょう。

ごんは、ぱたりとたおれました。

つまり、かけよってごんの生死をたしかめたのだろうと、話の流れからごく自然にそう思ったのです。しかし、そう読めないことは、すでに見たとおりです。

「作者の意図」や「読者の感情」を脇に置いて、「表現」から意味を引き出す。これはいまや通常の読書においても当たり前のことになっていますが、この作業、じつは意外と困難です。

たとえば、次の傍線部は、どういう声と解釈すべきでしょうか。

「この髪を抜いてな、この髪を抜いてな、鬘《かずら》にしようと思うたのじゃ」
下人《げにん》は、老婆の答が存外、平凡なのに失望した。そうして失望すると同時に、又《また》前の憎悪が、冷《ひややか》な侮蔑《ぶべつ》と一しょに、心の中へはいって来た。すると、その気色《けしき》が、先方へも通じたのであろう。老婆は、片手に、まだ屍骸《しがい》の頭から奪《と》った長い抜け毛を持ったなり、蟇《ひき》のつぶやくような声で、口ごもりながら、こんな事を云《い》った。

「成程《なるほど》な、死人《しびと》の髪の毛を抜くと云う事は、何ぼう悪い事かも知れぬ。じゃが、ここにいる死人どもは、皆、その位な事を、されてもいい人間ばかりだぞよ。現在、わしが今、髪を抜いた女などはな、蛇《へび》を四寸《しすん》ばかりずつに切って干したのを、干魚《ほしうお》だと云うて、太刀帯《たてわき》の陣へ売りに往《い》んだわ。疫病《えやみ》にかかって死ななんだら、今でも売りに往んでいた事であろ。それもよ、この女の売る干魚は、味がよいと云うて、太刀帯どもが、欠かさず菜料《さいりよう》に買っていたそうな。わしは、この女のした事が悪いとは思うていぬ。せねば、饑死《うえじに》をするのじゃて、仕方がなくした事であろ。されば、今又、わしのしていた事も悪い事とは思わぬぞよ。これとてもやはりせねば、饑死をするじゃて、仕方がなくする事じゃわいの。じゃて、その仕方がない事を、よく知っていたこの女は、大方《おおかた》わしのする事も大目に見てくれるであろ」

老婆は、大体こんな意味のことを言った。

時は平安時代、主人から暇《ひま》を出された下人が、羅《ら》生《しょう》門《もん》の下で雨やみを待っている——。そこから始まる物語は、やがて下人が老婆と遭遇《そうぐう》する場面に移っていきます。一晩雨風をしのげればと思って登った門の上には老婆がいて、捨てられた死体から髪の毛を一本ずつ抜いていたのです。

（芥川龍之介『羅生門』）

さて、引用部分は、「何をしていたのだ」と下人に詰め寄られた老婆がそれに答える場面です。老婆は「蟇《ひき》のつぶやくような声」で長々と口上を述べるわけですが、いったいどんな声だったのでしょう。

まず「蟇」が何であるかを知らなくてはなりません。手元の辞書にはこうあります。

【蟇】かえるの一種。体が大きく、皮膚にはいぼがたくさんある。動作がにぶい。頭の両側から白色の毒液を出して難をのがれる。夜、動きまわる。（岩波国語辞典）

体が大きくて、いぼがあって、動作がにぶい。蟇には老いた生き物のイメージがあります。老婆そのものといえます。ただし、体が大きいという点については注意が必要です。それは他のかえると比べてということであって、蟇はあくまでも小さな生き物だからです。その小さな生き物がつぶやくというのですから、その声は、かろうじて聞きとれるかとれないかの微《かす》かな声だったはずです。

そのすぐあとに続く「口ごもりながら」に注目した人がいたと思います。言葉が口の中に籠《こ》もる。言葉がスムーズに外に出なかったという意味です。つまり、「蟇のつぶやくような声」とは、「口から漏れ出たような、老いてしわがれた、聞き取りにくい小さな声」とでもまとめることができるのではないでしょうか。

そのわりには、老婆はするすると長口上を述べているではないか。そう思った人は、最後の一行を無視してしまっています。

老婆は、大体こんな意味のことを言った。

その長せりふは、老婆の発した言葉をそのまま引き写したものではありません。かろうじて聞きとった言葉を整理し、再現したものだったです。

「原型《げんけい》」によって、神話は類型化する

——作者の意図からも読者の感情からも超越した、たった一語でも変えれば壊れる、他のテクストからも完全に自立した空間的秩序。

これがテクストであり、このテクストから表現の意図を丁寧に引き出そうとするのが、〈ニュー・クリティシズム〉の立場です。つまり、こうして作者は作品から切り離されてしまったわけですが、やがて切り離されただけでなく、作者は死を宣告されます。〈神話批評〉と〈構造主義〉が登場したからです。

作者の死。いったいどういうことでしょう。

『古事記』には、スサノオノミコトが八俣《やまた》の大蛇《おろち》を退治し、クシナダヒメを妻にもらうという話が出てきます。一方、『ギリシア神話』にはペルセウスが怪物を退治し、アンドロメダーを妻にもらうという似た話が出てきます。しかもこれらは、いずれも父親との約束を経ておこなわれます。

ここに速須佐之男命《はやすさのおのみこと》、その老夫《おきな》に詔《のたまわ》りたまひしく、「この汝《な》が女《むすめ》をば吾《あれ》に奉らむや。」とのりたまひしに、「恐《かしこ》けれども御名を覚《し》らず。」と答へ白しき。ここに答へ詔りたまひしく、「吾《あ》は天照大御神《あまてらすのおおみかみ》の同母弟《いろせ》なり。故《かれ》今、天《あめ》より降りましつ。」とのりたまひき。ここに足名椎手名椎神《あしなづちてなづちのかみ》、「然《しか》まさば恐《かしこ》し。立奉《たてまつ》らむ。」と白《まを》しき。

（倉野憲司校注『古事記』）

彼（ペルセウス）はケーペウスが支配していたエティオピアに来て、その娘アンドロメダーが海の怪物の餌食《えじき》として供えらえているのを見出《いだ》した。…（略）…ペルセウスは彼女を見て恋し、もし救われた少女を彼に妻にくれるつもりならば、怪物を退治しようとケーペウスに約束した。

（高津春繁訳『ギリシア神話』）

『古事記』の時代、ギリシャとの交渉は直接的ではないにしろ、いくつもの国を経由しておこなわれていたのかもしれません。しかし、それにしても話の筋が似すぎています。どういうことでしょう。これは、人間がものを語ろうとすれば、精神の奥深くに潜在化している「原型《げんけい》」が現れ出るためだというのです。

一人の女性を妻にする。いつの時代でも簡単なことではなかったはずです。さまざまな障壁、たとえば強力なライバルや、村そのものを脅《おびや》かす外敵をとり除《のぞ》く必要があったろうし、父親の了解を得る必要だってあったはずです。つまり人間の営《いとな》みが常にそのようなものであるなら、たしかに神話においても、父親との約束、怪物の退治、その結果としての妻帯、という筋書きが生まれて当然かもしれません。

人間には、発想のパターンともいうべき「原型」が内面化されていて、その発露《はつろ》としての神話が類型化するのは必然だということなのでしょう。

一九五〇年代、カナダの学者ノースロップ・フライは、この考えをさらに進め、いわゆる〈神話批評〉を提唱します。「神話」とは、この場合広義のそれであって、フライの言葉を借りれば、「ミュトス（＝筋《プロット》の類型）」のことです。すべての物語の「原型」として、彼は四季の循環に対応する四つのミュトスを想定し、あらゆる物語はその断片にすぎないと説きました。

喜劇（春）→ロマンス（夏）→悲劇（秋）→アイロニー（冬）

つまり、この大きな循環の中にすべてのテクストは位置づけられる。テクストはこの文学的秩序から脱することはなく、その閉鎖性の中で再利用されながら、そのつど姿を変えているにすぎないと説くわけです。

さて、そうであるなら、ニュー・クリティシズム的なテクスト観（「精巧につくられた壺」）は成り立たなくなります。「他のテクストからも完全に自立した空間的秩序」などではなく、個々のテクストは、「原型」としての四つのミュトスにすべて還元され、それとの関連性において、はじめて意味が明らかになるというのですから。
フライのこの考え方は、次のような記述を読むとよくわかります。

絵画を鑑賞するとき、近寄って、筆づかいや、パレット・ナイフの感触を詳細に分析することがある。文学の場合、これはさしずめ新批評家たちの修辞学的な分析にあたるだろう。しかし、少し距離をおいて鑑賞すれば構成がもっとはっきりと目に映り、むしろそこに再現されている内容を検討することになる。こういう距離は、たとえばオランダ派のような写実的な絵画には絶好の鑑賞の仕方だろう。なぜなら、この距離から見ると、ある意味で絵画を読んでいることになるからだ。後ろに下がれば下がるだけ、その絵画全体を統一している構成をはっきり認めることができる。たとえば聖母像から非常に遠くはなれると、眼には聖母の原型しか映らず、注目を惹《ひ》くきわめて鮮やかで大きな青い塊《かたま》りが、絵の中心にあるだけだ。文芸批評の場合にも、詩から「後ろに下がって」それを統一している原型を見つけださなくてはならない。
（ノースロップ・フライ『批評の解剖』、海老名宏、中村健二、出淵博、山内久明共訳）

「本歌取《ほんかど》り」か、翻案《ほんあん》か、それとも盗作か

一九六〇年代になると、〈神話批評〉の考え方は〈構造主義〉によってより強化されます。インターテクスチュアリティ（相互テクスト性）という概念が登場するのです。〈神話批評〉においては、「原型」としてのミュトスの下位に置かれたのがテクストでした。そこには主従関係があったのです。ところが、〈構造主義〉は主従関係を認めません。個々のテクストは相互に支え合い、関係的な意味を与えられるだけだとします。

たとえば、ある言葉の意味を辞書で引く。すると、その説明の中にわからない言葉が出てきてまた辞書を引く。すると、またわからない言葉が出てきて……。

つまり辞書の世界は、一つの言葉が別の言葉に支えられ、それがまた別の言葉に支えられ、という循環をくり返すだけで、辞書の外にその言葉の実体的な意味を見出すことはできません。「関係的な意味を与えられるだけ」とはそういうことです。

そして、テクストも事情は同じだというのです。一つのテクストは他のテクストに引用され、それもまた他のテクストに引用される。他のテクストからまったく独立し

たテクストなどない。これがインターテクスチュアリティ（相互テクスト性）の考え方です。

なるほど、そういわれてみれば、思いつくことがいくつかあります。たとえば、日本には〈本歌取《ほんかど》り〉の伝統があります。有名な古歌の心や語句の一部を引用し、別の趣《おもむき》をもった歌をつくる手法です。

〈本歌〉　み吉野《よしの》の　山の白雪　積もるらし　故里《ふるさと》寒く　なりまさるなり

坂上是則《さかのうえのこれのり》（古今和歌集）

〈本歌取り〉　み吉野の　山の秋風　さ夜ふけて　ふるさと寒く　衣《ころも》うつなり

藤原雅経《ふじわらのまさつね》（新古今和歌集）

古今《こきん》和歌集は、十世紀のはじめに成立したものですから、坂上是則の歌はそれ以前の作といえます。一方の藤原雅経は、一一七〇年生まれ、一二二一年に亡くなっています。二つの歌がつくられた時期は、三百年くらい離れていると考えられます。ただし、三百年後につくられたからといっても、ここまで似ていたら、いまの感覚では盗作といわれかねません。しかし当時は、そうはなりませんでした。

なぜなら、「作者」の定義が曖昧《あいまい》だったからです。『平家物語』が複数の語り部の合作であったこと、連歌の手法そのものが合作を前提としていたことなどの例を見ればわかるとおり、厳密な意味での「作者」という概念は、近代以後の産物なのです。

しかし、本歌取りが盗作とされなかった一番大きな理由は、「和歌は教養の発露」というインターテクスチュアリティ的な構えがあったからではないでしょうか。つまり、先人が詠《よ》んだ和歌を数多く吸収していること。そこからさまざまに引用できること。そのほうが価値あることとされたのです。

小説の世界では、いまでも先行作品への〈オマージュ〉などと称して、本歌取りさながらの手法を用いることがあります。綾辻行人《あやつじゆきと》の『十角館の殺人』などはアガサ・クリスティーの『そして誰もいなくなった』のオマージュ作品として知られていますし、恩田陸《おんだりく》も、自作のいくつかが海外作品のオマージュであることをみずから明かしています。

さらに〈翻案《ほんあん》〉ということになれば、これは先行作品の大筋をそのままなぞるわけですから、他のテクストからの引用なくしては成り立ちません。

たとえば、太宰治《だざいおさむ》『走れメロス』の末尾には、「古伝説と、シルレルの詩から。」という添え書きがあります。太宰治はこの小説を、ドイツ詩人シラー（シルレル）の『人質　譚詩《たんし》』の翻案として書いたのです。譚詩とは、バラードのことです。二十連からなるその詩の、最初と最後を示せば次のようになります。

暴君ディオニスのところに
メロスは短剣《たんけん》をふところにして忍びよった
警吏《けいり》は彼を捕縛《ほばく》した
「この短剣でなにをするつもりか？　言へ！」
険悪《けんあく》な顔をして暴君は問ひつめた
「町を暴君の手から救ふのだ！」

「磔《はりつけ》になつてから後悔するな」

「私は」と彼はいった「死ぬ覺悟《かくご》でゐる
命乞《いのちご》ひなぞは決してしない
ただ情をかけたいつもりなら
三日間の日限《にちげん》をあたへてほしい
妹に夫をもたせてやるそのあひだだけ
その代り友達を人質として置いてをこう
私が逃げたら、彼を絞《し》め殺してくれ」

それを聞きながら王は残虐な氣持で北叟笑《ほくそえ》んだ
そして少しのあひだ考へてから言った
「よし、三日間の日限をおまへにやらう
しかし猶豫《ゆうよ》はきつちりそれ限りだぞ

おまへがわしのところに取り戻しに来ても
彼は身代りとなつて死なねばならぬ
その代り、おまへの罰はゆるしてやらう」

（中　略）

まさに太陽が沈もうとしたとき、彼は門にたどり着いた
すでに磔の柱が高々と立つのを彼は見た
周圍《しゅうい》に群衆が憮然《ぶぜん》として立つてゐた
縄にかけられて友達は釣りあげられてゆく
猛然と、彼は密集する人ごみを掻《か》きわけた
「私だ、刑吏！」と彼は叫んだ「殺されるのは！
彼を人質とした私はここだ！」

がやがやと群衆は動揺《どうよう》した
二人の者はかたく抱き合つて
悲喜こもごもの氣持で泣いた
それを見て、ともに泣かぬ人はなかった
すぐに王の耳にこの美談は傳《つた》へられた
王は人間らしい感動を覺《おぼ》えて
早速に二人を玉座の前に呼びよせた

しばらくはまぢまぢと二人の者を見つめてゐたが
やがて王は口を開いた。「おまへらの望みは叶つたぞ
おまへらはわしの心に勝つたのだ
真實《しんじつ》とは決して空虚な妄想ではなかつた
どうかわしをも仲間に入れてくれまいか
どうかわしの願ひを聞き入れて

おまへらの仲間の一人にしてほしい」

（小栗孝則訳『新編シラー詩抄』）

「古伝説と、シルレルの詩から。」のうちの「シルレルの詩」についてはわかりました。では、「古伝説」とは何でしょう。じつはシラー（シルレル）自身もまた、ギリシャの古伝説（ダーモンとフィジアスの話）から題材をとってこの詩を書いているのです。

ロラン・バルトが提起した「作者の死」

さて、このように見ていくと、ある問いが浮上します。作者とは何かということです。

〈伝記批評〉において、作者は絶対的存在でした。読むことは作者の意図を探ることでした。ところが〈ニュー・クリティシズム〉は、作者をテクストから切り離します。作者は関係ない、表現の意図こそは絶対なのだと。そして〈構造主義〉……、ここに至って、作者はついに死を宣告されます。

読者の誕生は、「作者」の死によってあがなわれなければならないのだ。

（ロラン・バルト『物語の構造分析』花輪光訳）

　これは、フランスの学者ロラン・バルトが、『作者の死』というエッセイの最後に刻んだ言葉です。

　なるほど、多かれ少なかれ他のテクストからの引用によって成り立つのがテクストなら、唯一絶対の作者などはいないというべきでしょう。しかし、バルトの話はそのレベルに留まりません。『作者の死』というエッセイを実際に紐解《ひもと》けば、その冒頭では次のような問いがなされています。

　中編小説『サラジース』のなかで、バルザックは、ある女装した去勢者《きょせいしゃ》について語り、次のような文を書いている。《それは女特有のとつぜんの恐れ、訳のわからない気まぐれ、本能的な不安、いわれのない大胆さ、虚勢、えもいわれぬ感情のこまやかさをもった、まぎれもない女だった》と。しかし、こう語っているのは誰か？

（ロラン・バルト『物語の構造分析』　花輪光訳）

こう語っているのは誰か？――。作者ないしは語り手。普通ならそう答えるところでしょう。ところが、バルトは五つの可能性を示します。

①女の下に隠されている去勢者を無視していたい、この中編小説の主人公。
②個人的経験によって、ある「女性」哲学をもつようになったバルザック個人。
③女らしさについて《文学的》意見を述べる作者バルザック。
④万人共通の思慮分別《しりよふんべつ》。
⑤ロマン主義的な心理学。

そして、その上で、「それを知ることは永久に不可能であろう」とします。なぜでしょうか。

というのも、まさにエクリチュールは、あらゆる声、あらゆる起源を破壊するからである。エクリチュールとは、われわれの主体が逃げ去ってしまう、あの中性的なもの、混成的なもの、間接的なものであり、書いている肉体の自己同一性そのものをはじめとして、あらゆる自己同一性がそこでは失われることになる、黒くて白いものなのである。

（ロラン・バルト『物語の構造分析』 花輪光訳）

エクリチュール（「書かれたもの」という意味）は、その起源を特定することができないというのです。誰によって書かれたかは、永久に不明であると。

《それは女特有のとつぜんの恐れ、訳のわからない気まぐれ、本能的な不安、いわれのない大胆さ、虚勢、えもいわれぬ感情のこまやかさをもった、まぎれもない女だっ

た》

たしかに、ここには「バルザック個人」（②）の主体がありそうでない気がします。じゃあ主体は「主人公」（①）かといえば、「作者バルザック」（③）の存在がこんどは気になってきます。

では、この一文は「万人共通の思慮分別」（④）が自動筆記させたものなのでしょうか。それとも、女性というものに対する「心理学」（⑤）の判断をただ代筆したものでしょうか。いや、そのすべてだというなら、まさしく「中性的なもの、混成的なもの、間接的なもの」といわざるを得ません。作者はいないのです。

ペンを手にし、紙にインクの染《し》みを並べた人間はいます。バルザックという個人です。しかし、バルトはこれを「作者」とは認めません。作者とは区別して「スクリプトゥール」（書き手）と呼びます。「〔記入の〕動作を模倣《もほう》することしかできない人」という意味です。

つまり、「スクリプトゥール」（書き手）がどんなに独自性を主張したとしても、その使用する言葉は他のテクストと共有されている、いわば引用物でしかないというのです。

そして、そうであるなら、ここでのテクスト観、すなわち構造主義的テクスト観はどのようなものになるでしょう。じつはこれが、非常に巧《たく》みな比喩《ひゆ》によって言いあらわされています。ずばり「織物」だというのです。言葉の織物——。

幾千もの言葉（ひとまとまりの言い回しも含めて）は、色彩の異なる織り糸であり、それらは一つのテクストを織りあげると同時に、他のテクストにも織り込まれていく。仮にあるテクストが独創的であったとしても、それは言葉の配列が独創的だからであって、言葉そのものが独創的だからではないというわけです。

ところで、この比喩は巧みだという言い方は当たらないかもしれません。「織物＝textile」であり、「織物《テクスタイル》」は「テクスト＝text」の語源そのものだからです。「テクスト」という言葉には、それが言葉の織物であるという認識がはなから織り込まれています。

『エドガー・ポーの一短編のテクスト分析』というエッセイにおいて、バルトはこう書いています。

われわれがいま用いたばかりの織物の隠喩《いんゆ》は、たまたま思いついたものではない。実際、テクスト分析は、テクストを、織物として、編みあわされしかも完成していない、さまざまな声、さまざまなコードの編物として考えることを要求する（それにテクストの語源的意味は、織物である）。

（ロラン・バルト『記号学の冒険』花輪光訳）

「コード」とは「言語習慣」という意味です。たとえば、高等学校には高等学校の言語習慣があって、テストで「赤」をとる、といえばテストで「落第点」をとることを意味します。一方、「赤」を政治の場で用いれば、それはすぐさま「共産主義」を意味した時代がありました。学校コードと政治コードは違うというわけです。

ところで、「テクスト分析」とありましたが、〈構造主義〉はテクストをどのように、、解釈するのでしょう。

〈ニュー・クリティシズム〉は、「精巧につくられた壺」というテクスト観を持っていました。たった一語でも変えれば壊れる、他のテクストから自立した秩序を有するもの。したがって、向山洋一の実践で示されたように、言葉を精査し、表現の意図に迫ることが、そこでの解釈でした。

〈神話批評〉においては、個々のテクストは、「原型」としてのミュトスにすべて還元されます。これまた作者の意図は脇に置かれ、あくまでもミュトスとの関連性において個々のテクストは解釈されたのです。では、〈構造主義〉の解釈とはどのようなものか。バルトはこういいます。

多元的なエクリチュールにあっては、すべては解きほぐすべきであって、解読するものは何もないのだ。

（ロラン・バルト『物語の構造分析』花輪光訳）

「エクリチュール」（書かれたもの）は、解釈の対象ではないといいます。できることは織物の糸を解きほぐすことだけだと。解釈ではなく、やはり「テクスト分析」なのです。

ヴァルドマール氏の異常な症例が論議を呼んだことについては、たしかに驚く理由はない。とくにあのような状況のもとで、もし議論を呼ばなかったとしたら、それこそ不思議だったろう。

（ロラン・バルト『記号学の冒険』花輪光訳）

たとえば、エドガー・アラン・ポーの短編小説『ヴァルドマール氏の症例の真相』のこの部分をバルトが分析すれば次のようになります。

この文（および、すぐそのあとに続くいくつかの文）は、読者の期待をあおり立てるという明らかな機能をもっており、だからこそ、見たところ無意味なのである。標題によって設定された謎（《真相》）の解明が望まれているというのに、その謎の説明がまさに引き延ばされているのである。それゆえ、ここでは、謎の設定の遅れ、という形でコード化しなければならない。

（ロラン・バルト『記号学の冒険』花輪光訳）

またはこんなふうに。

《ヴァルドマール氏》と言うことは、ただ《ヴァルドマール》と言うことと同じではない。ポーは、その多くの短編においては、単に名前だけを用いている（たとえば、リジア、エレオノーラ、モレラ）。この氏という語の存在は、社会的現実、歴史的事実を示す効果をもたらす。主人公は社会化され、ある特定の社会に属し、その社会において市民の資格を与えられているのである。それゆえ、ここでは、社会的コードに留意しなければならない。

（ロラン・バルト『記号学の冒険』花輪光訳）

いかがでしょう。小説の文章を精読し、しかし意識は、「文章の意味」にではなく「文章の機能」に向いていることがわかります。

先のポーの文章は、一つは〈謎の解明を引き延ばす機能〉を、もう一つは〈主人公が一定の社会的役割をもった市民であることを暗示する機能〉を果たしているというのです。この場合の〝コード化する〟とは、文章をその機能ごとに分類し、記号化することをあらわしています。

テクストを額面どおりに受けとらない

構造分析には、〝コード化する〟以外の手法もあって、それが〝テクストから二項対立関係をとり出す〟というものです。これについては、イギリスの学者テリー・イーグルトンがこんな例をあげています。

彼はまず一つの物語を想定します。

少年が父親と喧嘩《けんか》して家出し、森をさまよう。そして誤って深い「竪穴《たてあな》」に落ちてしまう。父親は息子を探して森を歩き回り、竪穴を発見するが暗くてよく見えない。と、そのとき、頭上の「太陽」が竪穴の底を照らし出し、父親は少年を見つけて救出する。父子はそこで仲直りし、連れだって家に帰る——。

そして、こう分析します。

少年が父親と喧嘩する。これは背の小さな子どもが大きな大人に反抗することであり、「低い／高い」という垂直軸をなす。

それに対して少年が森の中をさまようのは水平軸に沿った運動であり、「低い／高い」という垂直軸との対照をなす。つまり、低くも高くもない「中間」を意味する。また、「竪穴」は「低い」の意味表示であり、「太陽」は「高い」の意味表示である。

よって、太陽が竪穴の底を照らすというのは、「高い」ものが身をかがめ「低い」ものに寄り添うことを意味し、ここに「低いものが高いものに反抗する」という構図の逆転が起こる。

二人が連れだって家に帰るのは、これまた水平軸（＝「中間」）を意味する。

なんだこりゃ。そう思った人がいるかもしれません。

「中間」を介在させながら二項対立関係（低い／高い）をとり出したということらしいが、だから何なのだ。ただのこじつけじゃないか。これに何の意味があるのかと。

たしかに、一般の読み手はこんなふうには読みません。少年の安否こそが大事なのであって、「竪穴」と「太陽」が二項対立の関係にあろうがなかろうがそんなことはどうでもいいのです。

文芸批評を客観性の高い学問に押し上げるため——。仮にそのようなねらいがあるのだとしても、こうした構造分析に生産性があるとは思えません。

しかし、イーグルトンはこういいます。

構造主義は、あえて常識に挑戦する。構造主義は、物語の「明白」な意味をこばみ、そのかわりに、物語の中にあって、表面にはあらわれてこない「深層」構造を、抽出しようとする。構造主義は、テクストを額面どおりには受けとらず、それをまったく別様の対象物へと「ずらす《ディスプレイス》」のである。

（T・イーグルトン『文学とは何か』大橋洋一訳）

フライの神話批評がそうであったように、物語が内包している型に目を向け、それを徹底的に洗い出す。〈構造主義〉がめざしたのも、それでした。

その結果、どうなったでしょうか。先ほど、生産性があるとは思えないといいましたが、実際には物語論がいっきに発展します。

たとえば、ロシア・フォルマリズムの批評家であるウラジーミル・プロップが一九二八年に書いた『昔話の形態学』といった本が、再評価されるようになります。物語は、「禁止」「違反」「闘争」「脱出」「追跡」などのエピソードが組み合わされて出来上がる。文が単語の組み合わせによって出来上がるのと同じだ。「物語の文法」と呼べるような法則はあるのだ。これがプロップの主張です。〈構造主義〉は、こうした物語論を新たな展開へと導く役割を果たすのです。

ただし、〈構造主義〉そのものへの関心は、文学の世界においては比較的早い段階で失われていきます。

構造主義で論じられる物語は、偉大な傑作である必要はない。構造主義の方法は、対象とする作品の文化的価値にはいっさい関心を示さない。『戦争と平和《ウォー・アンド・ピース》』だろうと、選挙標語《ウォー・クライ》だろうとなんでもかまわない。その方法はあくまで分析的であって、価値評価的ではない。

（T・イーグルトン『文学とは何か』大橋洋一訳）

イーグルトンがいうように、構造主義の手法には、文学の「良し悪《あ》し」を論ずる構えがなかったからです。

解釈ではなく分析。テクストを横断的に渡り歩くことはしても、テクストの外（心理、思想、社会、歴史などの背景）には立ち入らず、内容にも踏み込まない。となれば、研究の対象はもはや文学である必要はない。そういうところにまで来てしまいました。

歴史的文化的背景に結びつけられた批評

〈神話批評〉も〈構造主義〉も、ねらいは文学を客観的に眺め、そこに法則性を見出すことでした。文学を学問的に体系づけようとしたのです。穿《うが》った見方をすれば、批評家たちが主役の座に着くための方便だったともいえます。だから作者を遠ざけ、ついには彼らに死を宣告したのだと。

　しかし、ここに思わぬことが起きます。〈構造主義〉は、批評家自身をも死の淵に追いやります。

　多元的なエクリチュールにあっては、すべては解きほぐすべきであって、解読するものは何もないのだ。

すでに引いたバルトのこの言葉のとおりであるとすれば、批評家は失職したも同然だからです。そもそも批評は、作品の背後に作者を発見することを任務にしていました。あるいは、表現を解読することが仕事でした。

ところが、肝心の作者は死んでしまうし、作品は解読すべきものではなくなってしまった。だからバルトはいいます。

> 「作者」が見出されれば、《テクスト》は説明され、批評家は勝ったことになるのだ。したがって、「作者」の支配する時代が、歴史的に、「批評」の支配する時代でもあったことは少しも驚くにあたらないが、しかしまた批評が（たとえ新しい批評であっても）、今日、「作者」とともにゆさぶられていても少しも驚くにあたらない。
>
> （ロラン・バルト『物語の構造分析』　花輪光訳）

作者の死は、批評そのものを揺るがす。バルトはそう予告しています。では、死の淵に立たされてしまった批評は、その後どうなるのでしょう。作者を復活させ、作品をその生涯と結びつけて解釈する〈伝記批評〉にでも立ちかえるのでしょうか。

いいえ、違います。作品を歴史的文化的イデオロギーと結びつけて解釈する方法が浮上してくるのです。

部屋に強風が吹き込んできたとき、ある男が「ドアを閉めてくれ」とあなたにいったとします。そのとき、男の発した言葉の《意味》は、男がひそかに抱《いだ》いているかもしれない個人的な意図とは無関係です。《意味》は言葉が担《にな》っているのであって、男が気まぐれに好き勝手な意味をそこに含ませようとしても、言葉は頑《がん》として意味するものしか意味しません。よって、あなたはその言葉どおりに、ドアを閉めることでしょう。

しかし、ドアがすでに閉まっているときに、男が同じ言葉を発したらどうでしょう。あるいは男があなたを椅子に縛《しば》りつけたうえで、「ドアを閉めてくれ」といったらどうでしょう。あなたはきっと、「どういうつもりなんだ」と尋《たず》ねるはずです。言葉の意味がわからないからではありません。男の《意図》がわからないからです。

さて、〈伝記批評〉や〈印象批評〉は、いわば「男の意図」を探る立場であり、〈二ユー・クリティシズム〉や〈神話批評〉〈構造主義〉は、「男の言葉の意味」を探る立場でした。では、これ以外にどんな立場があり得るでしょう。

〈構造主義〉は、作者ばかりかテクストの内容にさえ目を向けませんでした。そういう意味では、人間から目を逸《そ》らしたともいえます。そうです。批評は人間主体というものに再びスポットを当てるのです。ただし、作者にではありません。

ドアの例は、じつはイーグルトンが用いた喩《たと》え話をちょっと加工したものなのですが、彼はおよそ次のようなことをいっています。要約してみます。

「どういうつもりなんだ」と問うことは、人間主体の意図を尋ねることにほかならないが、男の精神をのぞき込み、そこに発生している心的プロセスを観察することと同義ではない。「どういうつもりなんだ」と問うことは、「ドアを閉めてくれ」という言葉によっていかなる効果をねらったのかを尋ねただけであり、状況を理解する手段にはなっても、男の脳髄《のうずい》の中で発生している目に見えない衝動を理解する手段にはなり得ないからである。

男（作者）が意図したことではなく、男（作者）にそう意図させた背景にあるもの、それを問う余地はあるというのです。作品を「歴史的文化的イデオロギーと結びつけて解釈する」とばこの立場です。

たとえば、〈精神分析批評〉や〈マルクス主義批評〉は、男がそのように意図するに至った「心的プロセス」や「目に見えない衝動」を、男の無意識、あるいは階級的抑圧に求めようとします。それを性差に求めれば〈ジェンダー批評〉、人種に求めればば〈ポストコロニアル批評〉となるでしょうか。

いずれにしても、こうした批評理論は、時代や文化的背景が違えば物語を構造化するその仕方も違ってくるという立場をとります。〈神話批評〉が時代や文化の影響を受けない、いわば人類に普遍の「原型」に照らしてテクストを解釈したのとは、その点が大きく違うわけです。

もっとも、時代や文化的背景を参照するといっても、その作業は簡単ではありません。現代社会はますます混迷をきわめ、複数の文化、複数のイデオロギーを混在させせながら、いまなお変貌しつづけているからです。

それは個人も同じです。たとえば私は日本人として産み落とされ、特定の両親のもとで育ち、教師という職業につきながら、男として生きる、という複数性を生きています。つまり、イデオロギー的読解を押し進めるということは、個々の作者が背負う、そうした複数性を詳細に眺めることと同義です。

丹治愛は、したがって次のようにいいます。

とすれば、その果てに来るものはなんでしょう。イデオロギー的読解は、最終的に、それぞれの作家に固有のイデオロギー的磁場を扱うものとして、作家の伝記的研究としての伝記批評に近づいていく可能性をもってはいないでしょうか。――もちろんいったん死を宣告されたはずの「作者」が昔のままのかたちでよみがえることはないとしても、たとえばさまざまなイデオロギーの結節点に浮かび上がる幻像としてだったらどうでしょうか。

（丹治愛『批評理論』）

第三章　読むことは書くこと

恣意《しい》的かつ混成的な「読み」

前章では丹治愛の著作を手引きに、「読み」の歴史的変遷を概観しました。そして、「読み」はもういちど作者というものに立ち返るだろうという示唆《しさ》を得ました。

すなわち、一つの文学作品を作者がそのようにつくり上げた「心的プロセス」には、作者も知らないいくつものバイアスがかかっている。それらを明らかにしようとすれば、作者がどういう時代にどういう階級として生まれ、どういう生い立ちのもとにどういう性を生きたか検証せざるを得なくなる。つまり〈伝記批評〉にまた近づくことになる。そういうことでした。

学術の世界においては、または文学研究の世界においては、なるほどそのとおりなのかもしれません。しかし、私たちが日頃おこなっている「読み」は、当然のことながら研究のそれとは違います。もっと恣意《しい》的であり、混成的なものです。

まず、私たちは本をまったく好き勝手に読みます。机の上で、電車の中で、ソファで、寝床《ねどこ》で。時間の縛りもありません。あるときは夜を徹して小説にのめり込み、あるときは数分のうちに情報だけを拾う読み方をします。本をもっぱら睡眠導入剤として利用する人さえいます。

　また私たちは、〈伝記批評〉〈印象批評〉〈ニュー・クリティシズム〉〈構造主義〉〈精神分析批評〉と、自由にその立場を変えながら本を読みます。本文をそっちのけで作者の私生活をのぞき見ようとしてみたり、精読に徹したり、別作品との関係に目をつけて「○○の焼き直しではないか？」と言ってみたり、そうかと思えば『神田川』をトラウマティック・ボンディングの症例として解釈したりもするわけです。

　では、こうした恣意的かつ混成的な読みがだめかといえば、そういうわけではありません。人が本をどう読もうと、それこそ勝手なのであって、これを咎《とが》める人はいません。そして、咎める人がいないからこそ、「読み方の違いが、人生にちょっとした差異をもたらす」ことに多くの人は気づかないのです。

　読み方しだいで、人生は味わい深くなる、楽しくなる、というような話ではありません。読み方しだいで、人は書ける人になったり、書けない人になったりする、という話です。

書くことのメカニズム

そのことをお話しする前に、書くことのメカニズムについて確認しておきましょう。いま、メカニズムといいましたが、書くことは文字どおりメカニカル（機械的）な仕事だということです。

たとえば、みなさんが文章を次のように書き出したとして、このあと、どんな文を書き足すでしょう。一文でかまいませんから、ちょっとやってみてください。

若者のスマホ利用が、このところ大きな社会問題になっている。

次のように続けた人はいませんでしたか。

若者のスマホ利用が、このところ大きな社会問題になっている。中高生の一日の利用時間は六時間を超えていて、学習時間はおろか、家族と過ごす時間さえもが完全に奪われているというのである。

いえ、これとまったく同じでないにしても、ほとんどの人がスマホ利用の何が問題かについては触れたのではないでしょうか。

そもそも、文は必ず「何かが足りない形」をとります。そして、「その足りない何かを埋める」ために次の一文は書き足されるのです。「若者のスマホ利用が、このところ〜」という例文には足りない情報がたしかにありました。

・「若者」とあるが、どのあたりの年齢層を指しているのか？
・「社会問題」とあるが、「若者のスマホ利用」の何が問題なのか？

つまり、この二つの不足については埋めなきゃまずいよなと、書き手はごく自然にそう考え、後続の文をその目的のために用意することになります。「中高生の一日の利用時間〜」は、まさしくその結果として出てきたものです。みなさんが書いた文も、おそらくスマホ利用の問題点については触れているはずだといったのは、そういうことです。

ところで、こうやって不足は埋められたかに見えますが、新たな不足も生まれています。

・中高生はスマホを使って「六時間」も何をしているのだろう？

書き手は、今度はこの不足を埋めなければならなくなります。そして、家族とのコミュニケーションは損《そこ》なわれても、そのぶん、仲間との、あるいはそれをも越えた広範な不特定多数とのやり取りがＳＮＳ（ソーシャル・ネットワーキング・サービス）上で展開されている事実に目を向けざるを得なくなります。そしてそうなれば、不足はまた増えていきます。

・若者をそれほど魅了するＳＮＳとは何なのか？

ＳＮＳの本質を探《さぐ》ることを抜きにしてこの問題は語れないぞ。書き手はこうした新たな不足に気づき、それを埋めることをまた強《し》いられます。

不足を埋めればまた不足が生じ、それを埋めればまた別の不足が生じる。じつは一文でも書いてしまうと、書くことは永久に止められない仕組みになっているのです。すべての不足が埋まることは絶対にないからです。

ところで、先ほどの文の続きを次のようにした人がいたかもしれません。

若者のスマホ利用が、このところ大きな社会問題になっている。そこでスマホの普及率を調べてみた。

これも同じことです。「若者のスマホ利用」の何が問題かをすぐにはいわず、順を追ってそれを明らかにしようとしているだけです。いわば姿勢の違いでしかありません。

十人十色（十人いれば十人の感性がある）――。なるほど、どういう順序で不足を埋めるかという姿勢の問題に焦点を当てるなら、感性は無視できないかもしれません。しかし、書くことを本質的にコントロールするのは感性などではありません。論理です。先ほど、私は次のような言い方をしました。

——書き手はこうした新たな不足に気づき、それを埋めることをまた強いられます。（97ページ）

では、誰がそれを強いるのでしょう。論理が強いるのです。こう書いた以上は、次にこう書かなきゃまずいんじゃないか？——そういう論理のささやきに耳を澄《す》ましながら、私たちは書くことをなかば自動的に進めていく。これが書くことのメカニズムです。

——一つの文学作品を作者がそのようにつくり上げた「心的プロセス」には、作者も知らないいくつものバイアスがかかっている。（92ページ）

しかし、階級や性別などによる抑圧を受ける以前に、私たちは書いてしまったことの抑圧を受けます。テクストは、自身を参照することで、とある形へと編み上げられていくのです。

したがって、書くことに必要な力があるとすれば、それはまず、前の文（書いてしまったこと）との整合性を保ちながら、文をつないでいく力だということになります。これは文学作品に限ったことではなく、すべてのジャンルの文に共通する話です。

さて、「書くこと」が以上のようなものであるなら、「読むこと」のありようも見えてきます。そうです。読むことは書くことと同じなのです。不足を見きわめ、それを埋める文を追いかける。これが「読み」の基本操作です。

「読み」の基本操作——その文の主題は何か

福永武彦《ふくながたけひこ》の小説『草の花』の一節を引用します。読んでみてください。

下宿へ帰っても、心を霽《は》らすものとては何もなかった。スタンドの親しげな光に照されて、日課のペトラルカに眼《め》を落しても、うるわしのラウラは既に六百年の昔にみまかり、詩人のはかない詠嘆《えいたん》のみが空しい活字となって残っている。こうしてはいられない、早く自分の仕事をしなければいけない、という気持と、どうあがいても赤紙が来てしまえばそれまでの話だ、本を読んだり物を書いたりしたところで、畢竟《ひっきょう》は空しいことだ、という気持と。そして片肱《かたひじ》を突いて掌《てのひら》に頤《あご》を埋め、ぼんやりと煙草《たばこ》などをくゆらせていると、表通りから出征を祝う人々のざわめきや、歌声や、万歳の叫びなどが、何とも言えぬ悲しげな余韻をもって聞えて来た。そしてこういう時ほど、千枝子に会いたいという焦心が、僕の中に急激に高まって来ることはなかった。その明るい声を聞き、その暖かい手を取ってさえいれば、不安は容易に消え去って行くだろう。しかし僕は、空気のように僕の廻りに立ち罩《こ》めている不安、いつ来るか分らないこの未来の瞬間への不安と闘いながら、わざと、容易に千枝子に会いに行かない自分の意志を大事にした。それは決して僕の愛が小さかったからではない。会おうとさえ思えば、毎晩のようにでも出掛けることは出来たし、感情は常に僕を促してやまなかった。それなのに僕は自分の意志を靭《つよ》く保つことに、奇妙な悦《よろこ》びを覚えていたのだ。それにぎりぎりまで感情を抑え、千枝子への愛をこの隔離された時間の間に確かめることほど、僕に愛というものの本質を教えるものはなかった。愛が持続であり、魂の状態であり、絶えざる現存であり、忘却への抗《あらが》いである以上、会うとか、見るとか、話すとかいうことは、畢竟単なる現象にすぎないだろう。僕と千枝子とが愛し合っているならば、僕等の魂は、その奥深いところで二つの楽器のように共鳴し、微妙な顫音《せんおん》をひびかせ合っているだろう。――僕はそのように考えた。

（福永武彦『草の花』）

どう読んでもいいといいたいところですが、「読み」の基本操作にのっとれば、この小説の場合は、以下のように読み進められていきます。それを実際にちょっとやってみます。まずは最初の一文です。

下宿へ帰っても、心を霽《は》らすものとては何もなかった。

埋めるべき不足の情報は二つあります。

① どこから帰ってきたのか？
② 何が原因で気持ちが塞《ふさ》いでいるのか？

スタンドの親しげな光に照されて、日課のペトラルカに眼《め》を落しても、うるわしのラウラは既に六百年の昔にみまかり、詩人のはかない詠嘆《えいたん》のみが空しい活字となって残っている。

スタンドの光を「親しげな」といっています。「日課」ともありますから、机の上でペトラルカの詩を読むことを文字どおり日課にしているのでしょう。「ラウラ」は詩の中に登場する女性のことでしょうか。詩中において亡くなったようです。

こうしてはいられない、早く自分の仕事をしなければいけない、という気持と、どうあがいても赤紙が来てしまえばそれまでの話だ、本を読んだり物を書いたりしたところで、畢竟《ひっきょう》は空しいことだ、という気持と。

どこから帰ってきたか①については、相変わらずわかりませんが、気持ちが塞いでいる理由②はわかりました。「赤紙が来てしまえばそれまでの話だ」とありますから、やがて来る出征の日を思って気が滅入《めい》っているのです。

つづいて、「早く自分の仕事をしなければいけない」を読めば、次の疑問がすぐに湧《わ》いてきます。

③　どんな仕事をしているのか？

ただし「仕事」には、〝職業〟のほかに〝当面やらなければならないこと〟という意味もあります。ここではそのどちらであるか確定できませんが、仕事の中身ならすぐにわかります。「本を読んだり物を書いたりしたところで」とありますから、本を読み、自分でも何か物を書くこと、それを「仕事」といっているのでしょう。

そうであるなら、スタンドの光を「親しげな」としたのもうなずけます。スタンドの光に包まれた机は、詩集を読む場所という以前に、この人物の仕事場だったのです。

そして片肱《かたひじ》を突《つ》いて掌《てのひら》に頤《あご》を埋め、ぼんやりと煙草《たばこ》などをくゆらせていると、表通りから出征を祝う人々のざわめきや、歌声や、万歳の叫びなどが、何とも言えぬ悲しげな余韻をもって聞えて来た。

④ そもそも、この語り手はどういう人物なのか?

そんな疑問も湧いてきます。「煙草」とありますから成年者ではありましょう。しかし、戦争については、世間の人とは違う考えを持っているようです。

そしてこういう時ほど、千枝子に会いたいという焦心が、僕の中に急激に高まって来ることはなかった。

⑤　千枝子とは誰か？

新たな不足です。恋人でしょうか。

その明るい声を聞き、その暖かい手を取ってさえいれば、不安は容易に消え去って行くだろう。

どうやらそのようです。

しかし僕は、空気のように僕の廻りに立ち罩《こ》めている不安、いつ来るか分らないこの未来の瞬間への不安と闘いながら、わざと、容易に千枝子に会いに行かない自分の意志を大事にした。

「いつ来るか分からないこの未来の瞬間」を読んだとき、それが〝召集令状（赤紙）の来る瞬間〟であることに気づきます。それが読むということです。すなわち、「僕」を気鬱《きうつ》にする一番の理由はやはり出征であったのだと、不足の情報が埋められていく感覚をこうやって徐々に得ていくわけです。
ただし、不足を埋めれば不足はまた増えます。

⑥　千枝子に会いに行かないのはどうしてか？

これは大事な不足です。この新たな不足を埋めることは、そのまま「僕」という人物（④）を知ることになるとの予想がつくからです。では、⑥の不足を埋める文はどこにあるでしょう。

それは決して僕の愛が小さかったからではない。会おうとさえ思えば、毎晩のようにでも出掛けることは出来たし、感情は常に僕を促してやまなかった。(ア)それなのに僕は自分の意志を靭《つよ》く保つことに、奇妙な悦《よろこ》びを覚えていたのだ。(イ)それにぎりぎりまで感情を抑え、千枝子への愛をこの隔離された時間の間に確かめることほど、僕に愛というものの本質を教えるものはなかった。愛が持続であり、魂の状態であり、絶えざる現存であり、忘却への抗《あらが》いである以上、会うとか、見るとか、話すとかいうことは、畢竟単なる現象にすぎないだろう。僕と千枝子とが愛し合っているならば、僕等の魂は、その奥深いところで二つの楽器のように共鳴し、微妙な顫音《せんおん》をひびかせ合っているだろう。——僕はそのように考えた。

千枝子に会いに行かない理由は、傍線を引いた（ア）と（イ）に書かれていました。一つは、自分の意志を靭《つよ》く保つことに悦びを覚えていたから、もう一つは、会わないことがかえって愛の本質を知ることになると考えたから、です。

さて、ここで一つ聞いてみたいことがあります。この小説を最初に読んだ段階で、この（ア）と（イ）を大事な文として、「あった！」という思いとともに受け止めた人はいたでしょうか。

「いや、さほど注目しなかった」ということでしたら、その人はこの小説を目で追っただけで、じつは読んでいなかったことになります。（ア）と（イ）こそは、この引用部分における一番の主題だからです。

不足を見きわめ、それを埋める文を追いかける。これが「読み」の基本操作ですが、不足は埋められながら、一方でどんどん増えてもいきます。そのいくつもの不足の中で、一番に追うべきものはどれか。それが文章における「主題」です。その主題への見きわめがないと、「読み」は散漫《さんまん》なものになってしまうのです。

もっとも、「読み」に無自覚な人はいて、そういう人はいつだって漫然《まんぜん》と文字を追います。印象に残った言葉だけを野放図《のほうず》に頭に放り込んでいくというやり方です。当然、「主題」への気づきは鈍《にぶ》くなります。

何よりも問題なのは、そういった「読み」をしているかぎり、けっして書ける人にはなれないということです。どういうことでしょうか。

不足を追う習慣のある読み手が心に刻むのは、「印象に残った言葉」ではありません。「来てもらわなければ困る言葉」です。こう書いてある以上は、次にこう書いてもらわなければ困る。そうやって「来てもらわなければ困る言葉」を待ち構えるわけです。これは、書き手の「こう書いた以上は、次にこう書かなきゃまずいよな」と思って文をつないでいく意識と同じものです。

つまり、すぐれた読み手というのは、読みながらにして同時に書いてもいるということです。したがって、いざこの小説（『草の花』）の続きを書けといわれても、さほど困ることはありません。ここまでこう書いてある。だったらこの次はこう書くのが自然だろう。いやそう書くべきだ。そうやって、書かれてあることの中から書くべきことを引き出せるものだからです。

いいえ、これは本当です。嘘だと思うなら、そういう構えでこの最後の部分をもういちど読んでみてください。そして、このあとに書かれることを予想してみてください。

それは決して僕の愛が小さかったからではない。会おうとさえ思えば、毎晩のようにでも出掛けることは出来たし、感情は常に僕を促してやまなかった。(ア)それなのに僕は自分の意志を靭《つよ》く保つことに、奇妙な悦《よろこ》びを覚えていたのだ。(イ)それにぎりぎりまで感情を抑え、千枝子への愛をこの隔離された時間の間に確かめることほど、僕に愛というものの本質を教えるものはなかった。愛が持続であり、魂の状態であり、絶えざる現存であり、忘却への抗《あらが》いである以上、会うとか、見るとか、話すとかいうことは、畢竟単なる現象にすぎないだろう。僕と千枝子とが愛し合っているならば、僕等の魂は、その奥深いところで二つの楽器のように共鳴し、微妙な顫音《せんおん》をひびかせ合っているだろう。——僕はそのように考えた。

（ア）と（イ）は、それぞれ「⑥ 千枝子に会いに行かないのはどうしてか？」に答える大事な文でした。しかし（ア）の文は、これじたい大きな不足を含んでいます。

⑦　自分の意志を靭《つよ》く保つことに奇妙な悦びを覚えるのはなぜか？

（イ）は〝会わないことがかえって愛の本質を知ることになる〟という意味ですが、これはわかります。直後に説明があるからです。愛の本質は魂を共鳴させることであり、会って見つめ合ったり話したりすることはかりそめの現象でしかないとあります。しかし（ア）の説明はどこにも書かれていません。

そして、もう一つ気になるのが、最後の一文です。

――僕はそのように考えた。

愛の本質といいながら、いまいったような考えは、じつは相手を抜きにした「僕」の一方的な思い込みなのではないでしょうか。同じことは、（ア）の文からもうかがえます。ここからは、「僕」の「悦び」だけが大事にされ、相手の思いは無視されている印象を受けます。

容易に千枝子に会いに行かない自分の意志を大事にした。

これはすでに読んだ文ですが、ここにも「僕」の自分本位な態度が見てとれます。千枝子の立場にはまったく触れられていません。

⑧　千枝子はどう感じ、どう考えているのか？

つまり、この引用部分のあとに書くべきことがあるとすれば、それは⑦や⑧の不足を埋める話です。

「僕」がそうなるに至った経緯を明かし、そうなった「僕」を千枝子はどう感じ、どう思っているのか。まずはそれを書かねばなりません。

では、この小説の実際の続きを見てみましょう。

心から千枝子を愛していながら、恐らく僕は、一方であまりにも自分の孤独を大事にしていたのだろう。藤木忍を喪《うしな》って以来、僕は人間が生れながらに持っている氷のような孤独が、たとえどのように燃えさかる愛の焔《ほのお》に焼かれようとも、決して溶け去ることのないのを知りすぎるほど知っていたのだ。僕の傷ついた心を見分けるには、千枝子はあまりにも若く、無邪気だった。そして僕は、愛すれば愛するほど孤独であり、孤独を感じれば感じるほど千枝子を愛しているこの心の矛盾を、自分にも千枝子にも解き明《あか》すことが出来なかった。

（福永武彦『草の花』）

⑦　自分の意志を靭《つよ》く保つことに奇妙な悦びを覚えるのはなぜか？

やはり、その理由が書かれていました。直接の原因は「藤木忍の死」です。それがあってから、「僕」は人間が宿命的に背負っている孤独のけっして癒《い》えるものではないことを知り、逆にそれを慰撫《いぶ》するようになったのです。すなわち、容易には千枝子に会わない道を選ぶことで（「意志を靭く保つことで」）、孤独を悦び味わっていたのです。

⑧　千枝子はどう感じ、どう考えているのか？

これについても書かれています。まだ若く、無邪気な彼女は、そんな「僕」の内心（「傷ついた心」）には気づいていないというのです。

ところで、最後の一文「そして僕は、愛すれば愛するほど孤独であり～」の意味はわかったでしょうか。手がかりとなるのは、次の文です。

僕は人間が生れながらに持っている氷のような孤独が、たとえどのように燃えさかる愛の焔《ほのお》に焼かれようとも、決して溶け去ることのないのを知りすぎるほど知っていたのだ。

つまり、愛すれば愛するほど孤独を感じるというのは、千枝子をいくら愛しても孤独がいっこうに癒えないということでしょう。逆に、孤独を感じれば感じるほど千枝子を愛するというのは、それでも愛の力によって孤独を癒《いや》そうと、無意識のうちに千枝子を愛してしまうということでしょう。

もっとも、そうした「心の矛盾」がなぜ生じるかは、自分でも理解できなかったとあります。これはもちろん当時の自分を振りかえっての語りです。そして、そうであるなら、このあとの展開も見えてきます。

「心の矛盾」を自分にも彼女にも解き明かせないまま、「僕」は千枝子と結ばれる道を選ぶでしょうか。そうは思えません。二人は結局、別れてしまうのではないでしょうか。では、別れて何が解決するかといえば、何も解決しません。癒えることのない孤独はむしろいっそう深まるでしょう。

つまり「僕」が、この孤独とその後どう向き合っていくか――。これこそは、この小説が追求すべき一番の不足の情報ということになるのです。

「読み」の感度を上げる――疑問を抱き、答えを予測する

このように、「読み」の基本操作を知れば、それは書くことに通じていきます。読むことはイコール書くことなのです。しかし、「不足を見きわめ、それを埋める文を追いかける」といっただけでは、やや具体性に欠ける気もします。そこで、次のように言い換えてみます。

――疑問を抱きながら、それを解決すべく慎重に進む。疑問に対する答えを、できれば事前に予測してみる。

文は必ず何かが足りない形をとりますから、疑問はいくらでも抱くことができます。しかし、その一つ一つに対応していたら、「読み」はかえって複雑怪奇なものになってしまいます。その軽重を見きわめ、一番に解決すべき疑問――すなわち「主題」は何かを見誤らないことがまず大事になります。

そして、先を読み急ぐのではなく、疑問を抱いたらそれに対する答えを自分なりに

用意する。このことはもっと大事になります。そういうひと手間を加えた人は、疑問が解決される個所に来たとき、それをけっして見逃しません。その問題に対する意識が高まっていますから、「読み」の感度も上がるのです。

では、また小説の一節を読んでみてください。この場面で一番に読みとらなければならないこと（＝主題）は何でしょう。疑問を持ち、予測し、それを解決する。この手続きを踏みながら、それを摑《つか》みとってください。

こういう山のサナトリウムの生活などは、普通の人々がもう行き止まりだと信じているところから始まっているような、特殊《とくしゅ》な人間性をおのずから帯びてくるものだ。――私が自分の裡《うち》にそういう見知らないような人間性をぼんやりと意識しはじめたのは、入院後間もなく私が院長に診察室に呼ばれて行って、節子のレントゲンで撮《と》られた疾患部《しっかんぶ》の写真を見せられた時からだった。

院長は私を窓ぎわに連れて行って、私にも見よいように、その写真の原板を日に透《す》かせながら、一々それに説明を加えて行った。右の胸には数本の白々とした肋骨《ろっこつ》がくっきりと認められたが、左の胸にはそれらが殆《ほとん》ど何も見えない位、大きな、まるで暗い不思議な花のような、病竈《びょうそう》ができていた。

「思ったよりも病竈が拡がっているなあ。……こんなにひどくなってしまっているとは思わなかったね。……これじゃ、いま、病院中でも二番目ぐらいに重症《じゅうしょう》かも知れんよ……」

そんな院長の言葉が自分の耳の中でがあがあするような気がしながら、私はなんだか思考力を失ってしまった者みたいに、いましがた見て来たあの暗い不思議な花のような影像《イマアジュ》をそれらの言葉とは少しも関係がないもののように、それだけを鮮《あざや》かに意識の閾《しきみ》に上らせながら、診察室から帰って来た。自分とすれちがう白衣の看護婦だの、もうあちこちのバルコンで日光浴をしだしている裸体《らたい》の患者達だの、病棟のざわめきだの、それから小鳥の囀《さえず》りだのが、そういう私の前を何の連絡《れんらく》もなしに過ぎた。私はとうとう一番はずれの病棟にはいり、私達の病室のある二階へ通じる階段を昇《のぼ》ろうとして機械的に足を弛《ゆる》めた瞬間《しゅんかん》、その階段の一つ手前にある病室の中から、異様な、ついぞそんなのはまだ聞いたこともないような気味のわるい空咳《からぜき》が続けさまに洩《も》れて来るのを耳にした。「おや、こんなところにも患者がいたのかなあ」と思いながら、私はそのドアについているNO．17という数字を、ただぼんやりと見つめた。

（堀辰雄『風立ちぬ』）

冒頭の一文を読んだとき、さっそくある疑問が生まれたはずです。サナトリウムというのは、林間や海辺など空気のよいところに設けられた転地療養所です。当時はおもに結核患者が入所していました。さて、このサナトリウムの生活をとおして、「私」はどんな人間性を帯びるに至ったというのでしょう。

しかし、この疑問、すぐには解決しません。なぜでしょう。すぐに解決するような話ではないからです。順を追って話さなければ読み手にわかってもらえない。書き手は意識的であるにせよ、無意識的であるにせよそう判断した。だから、解決は先延《の》ばしされたのです。

そして、そういう疑問こそは、主題に通ずるといえないでしょうか。

そもそも、ひと言で片づくような話は主題になりません。文章に書かれることさえないのです。小説にしろ、評論にしろ、それが一定の字数を費やしてなされるのは、そうしなければ伝えられない何事かをそこに含んでいるからです。そして、その「何事か」こそが主題と呼ばれるものです。

さて、この短い一節の中にも主題はあって、それはやはり「私」の人間性です。サナトリウムの生活をとおして「私」はどんな人間性を帯びるに至ったのか。これを読みとらなくては、この場面を読んだことにはなりません。

ただし、それを急いでやらずに、少し予測してみましょう。

ちなみに、冒頭の文は、（　）の言葉を補うと、わかりやすくなるかもしれません。

こういう山のサナトリウムの生活などは、普通の人々がもう行き止まりだと信じているところから始まっているような（もので）、（そうした生活の中に身を置けば）特《とく》殊《しゅ》な人間性をおのずから帯びてくるものだ。

いずれにしても、結核は不治の病とされた時代があり、サナトリウムへの入所はイコール死を意味したということです。「行き止まり」から始まるというのは、したがって、死ぬことを前提としたところから始まるということでしょう。では、そういうところでの生活は、人にどんな人間性を帯びさせるでしょう。ちょっと予測してみてください。

諦念《ていねん》や達観《たつかん》に満たされ、死の恐怖をなくしていく――。

私が考えたのは、そのような人間の姿です。死に鈍感な人間。そういうものにならなければ、サナトリウムでの生活には耐えられないだろうと思ったのです。

さて、こうしてある程度の見通しを立てて読み進めていくわけですが、次の一文は、いきなり私たちにブレーキをかけます。

――私が自分の裡《うち》にそういう見知らないような人間性をぼんやりと意識しはじめたの

は、入院後間もなく私が院長に診察室に呼ばれて行って、節子のレントゲンで撮《と》られた疾患部《しつかんぶ》の写真を見せられた時からだった。

サナトリウムに患者として入所したのは「私」ではなく、「節子」だったのです。二人の関係ははっきりしませんが、夫婦か恋人同士かといったところでしょう。「私」は節子の付き添いとしてサナトリウムの生活を始めたのでした。待ち受けるのは「私」の死ではなく、節子の死——。

だとしたら、先ほどの「諦念や達観に満たされ、死の恐怖をなくしていく」という私の予測は違うような気がしてきます。自分の死に開き直ることはできても、愛する人の死に開き直ることは、とうていできないだろうと思うからです。

そもそも、これは小説です。余計な心配かもしれませんが、そんなことでは純愛は描けないのではないでしょうか。もちろん、小説が扱うのは純愛ばかりではありません。人間のあらゆる愛憎を描くわけですから、愛する人の死に開き直るということがあってもかまわないのですが、どうも気になります。

ということで、もう少し先に進んでみます。ただし、いま読んだ一文には大事な手がかりがありました。それは見過ごさないでください。「私」がその「特殊な人間性」を意識しはじめたのは、院長から節子の疾患部の写真を見せられた時からだというのです。

院長は私を窓ぎわに連れて行って、私にも見よいように、その写真の原板を日に透《す》かせながら、一々それに説明を加えて行った。右の胸には数本の白々とした肋骨《ろっこつ》がくっきりと認められたが、左の胸にはそれらが殆《ほとん》ど何も見えない位、大きな、まるで暗い不思議な花のような、病竈《びょうそう》ができていた。

「思ったよりも病竈が拡がっているなあ。……こんなにひどくなってしまっているとは思わなかったね。……これじゃ、いま、病院中でも二番目ぐらいに重症《じゅうしょう》かも知れんよ……」

念のため聞いてみたいことがあります。左の胸に肋骨が見えなかったのはどうしてでしょう。言葉を映像に転換するというのは、「読み」の基本ですが、みなさんは院長が示したレントゲン写真を頭の中で映像化してみたでしょうか。

レントゲン写真では、異物は白く映ります。骨がそうですが、病竈もその一つです。つまり、背後にある病竈の白に溶け込んでしまって、肋骨の白が見えなくなっているのです。「暗い不思議な花のような」とあって、つい病竈を黒くイメージした人がいたかもしれませんが、そうではありません。この場合の「暗い」は、「暗い表情」というときの「暗い」であって「黒い」ということではありません。

さて、この場面は、「私」が「特殊な人間性」を意識しはじめるその転換点です。医者も予想していなかったほどに、節子の肺の病竈は大きくなっていました。

では、このあと「私」にどんな変化が起こるのでしょう。どんな人間性を帯び始めるのでしょう。

そんな院長の言葉が自分の耳の中でがあがあするような気がしながら、私はなんだか思考力を失ってしまった者みたいに、いましがた見て来たあの暗い不思議な花のような影像《イマアジユ》をそれらの言葉とは少しも関係がないもののように、それだけを鮮《あざや》かに意識の閾《しきみ》に上らせながら、診察室から帰って来た。自分とすれちがう白衣の看護婦だの、もうあちこちのバルコンで日光浴をしだしている裸体《らたい》の患者達だの、病棟のざわめきだの、それから小鳥の囀《さえず》りだのが、そういう私の前を何の連絡《れんらく》もなしに過ぎた。

いかがでしょう。「特殊な人間性」とは具体的にどういうものであるかが書かれていました。読みとることはできたでしょうか。

結論からいえば、私の予測はやはり違っていました。諦念とか達観というようなものではなく、しいていえば「思考停止」です。

院長の言葉と、病竈の映像のあいだに関係性が認められない。白衣の看護婦も患者も、病棟のざわめきも小鳥の囀りも、そこには何のつながりも見出せない。これは何を意味するのでしょう。そうです。ものとものとの因果関係から目を背《そむ》け、ものごとを一つ一つばらばらに眺めようとする心理作用（＝思考停止）が起きているのです。

これはもちろん、防衛本能がそうさせたのでしょう。目の前の事態を正確に分析したなら、節子の死は疑いようのないものとなります。それでは「私」の正気は保たれない。だから「私」は、無意識のうちに、ものの因果律《いんがりつ》から目を背ける人間性を帯びていったのです。

さて、ここはきわめて重要な個所ですが、漫然《まんぜん》と読んだら、素通りしてしまったかもしれません。冒頭文を読んで「特殊な人間性」とは何かという疑問を抱かなかった人にとっては、無意味な個所です。ところが、その疑問を抱いた上で、さらに予測までした人にとっては、ここは最重要個所、文がきらきら輝いて見えたはずです。

――先を読み急ぐのではなく、疑問を抱いたらそれに対する答えを自分なりに用意する。このことはもっと大事になります。そういうひと手間を加えた人は、疑問が解決される個所に来たとき、それをけっして見逃しません。その問題に対する意識が高まっていますから、「読み」の感度も上がるのです。（116ページ）

これがどういうことか、わかってもらえたと思います。

〈いや、わかった。わかったにはわかったが、文章をいちいちそんなふうに読んでいたら、時間がいくらあっても足りないのではないか？〉

そう思う人がいるかもしれません。しかし、これは習慣化できるものです。
疑問を抱き、答えを予測する――。どちらの作業も、数秒のうちにおこなわれるものだということです。いちいち解説すれば先ほどのようにゆっくり進んでいきますが、脳内で展開される読みの速度は、あのような悠長《ゆうちょう》なものではありません。

それと、時間がいくらあっても足りないということについてですが、それほど急いで得ようとするものは何なのかということです。ドストエフスキーを読まなければならない。漱石《そうせき》だって読まなければならない。時間がいくらあっても足りない。その気持ちはわかります。

しかし、ドストエフスキーにしても漱石にしても、ひととおり読んだことにするのは簡単ですが、本当に読もうとすれば、これは至難のわざです。「もう読んだ」という人は世間にずいぶんいるようですが、話半分に聞いておくことです。

その後《ご》につながる読書——。

実りある読書——。

私たちがめざすのはそれです。仮に漱石の小説のほんの数ページしか読んでいなくたって、その「読み」がたしかなものであるなら、私たちはそこから多くを得ることができます。書き手に転ずる契機を得ることだってできます。とにかく、量をこなすだけの、薄っぺらな「読み」に、自分の体を慣らしてしまわないことです。

さて、話を戻しましょう。ここでの主題、すなわち「特殊な人間性」の中身が明らかになったわけですが、最後の部分には次への展開をうながす大事な情報が含まれていました。それを最後に見ておきます。

私はとうとう一番はずれの病棟にはいり、私達の病室のある二階へ通じる階段を昇《のぼ》ろうとして機械的に足を弛《ゆる》めた瞬間《しゅんかん》、その階段の一つ手前にある病室の中から、異様な、ついぞそんなのはまだ聞いたこともないような気味のわるい空咳《からぜき》が続けさまに洩《も》れて来るのを耳にした。「おや、こんなところにも患者がいたのかなあ」と思いながら、私はそのドアについているNO．17という数字を、ただぼんやりと見つめた。

「NO．17」の患者こそは、きっと一番の重症患者なのではないでしょうか。医者は、節子が病院中で二番目ぐらいに重症かもしれないといいました。ずいぶんはっきりいう医者だなと思ったかもしれませんが、これは「NO．17」の患者を登場させる伏線だったのです。

「読み」の調整能力――文と文をつないでいく

――不足を見きわめ、それを埋める文を追いかける。（108ページ）

これは言い換えれば、「疑問を抱きながら、それを解決すべく慎重に進む」ということでした。また、「疑問に対する答えを、できれば事前に予測してみる」ことでした。そうすれば、「読み」の感度は上がると。

では、そういう「読み」の基本操作が身についたとして、人は読めるようになり、また書けるようになるかというと、まだいくつか不安があります。一つは道中の問題です。

予測を立てたはいいが、その解決を急ぐあまり、途中の文を、これは違う、これも違うというふうに切り捨てながら進めば、これは大きな誤読につながります。たとえば、次の文章を読んでみてください。

ミロのヴィーナスを眺めながら、彼女がこんなにも魅惑的であるためには、両腕を失っていなければならなかったのだと、ぼくはふとふしぎな思いにとらわれたことがある。つまり、そこには、美術作品の運命という制作者のあずかり知らぬなにものかも、微妙な協力をしているように思われてならなかったのである。

（清岡卓行『手の変幻』）

冒頭文のいちばんの疑問（＝不足の情報）は、〈両腕を失っていたからこそミロのヴィーナスは魅惑的であり得たとする理由――①〉です。そこで、先に進む前に、次のような予測を立ててみます。

なるほど、両腕が失われたからこそ、色々な想像が膨《ふく》らんで神秘性は増すのだろう。完全な姿で残っていたら、この彫像はかえって注目されなかったかもしれない。そういうことではないか。

さて、こんなふうに予測して二文目に進んだとき、みなさんはこの二文目をどう取りあつかうでしょうか。

つまり、そこには、美術作品の運命という制作者のあずかり知らぬなにものかも、微妙な協力をしているように思われてならなかったのである。

ここには①の理由は書かれていません。よって、素通りしてしまう人もいるはずです。しかし、この一文はきわめて重要です。この場面での主題が何であるかを教える文だからです。

私は冒頭文の一番の疑問は①であるとし、つまりそれを主題とみなし、それについて予測までしました。しかし、ここでの主題は、〈ふとふしぎな思いにとらわれた理由――②〉のほうでした。「つまり」とあるからです。「冒頭文でいわんとしたことはつまり」という気持ちで、著者はこの第二文を書いている。では、ここには何が書いてあったかといえば、〈ふとふしぎな思いにとらわれた理由――②〉に関する言葉だけです。

美術作品の評価は、制作者の意図とは関係のない「作品の運命」によって微妙に変化するものなのだ。著者はまずこの感慨《かんがい》に打たれているのです。実際、この文章は次のように続きます。

パロス産の大理石でできている彼女は、十九世紀の初めごろメロス島で、そこの農民により思いがけなく発掘され、フランス人に買い取られて、パリのルーブル美術館に運ばれたと言われている。そのとき彼女は、その両腕を、故郷であるギリシアの海か陸のどこか、いわば生ぐさい秘密の場所にうまく忘れてきたのであった。いや、もっと的確に言うならば、彼女はその両腕を、自分の美しさのために、無意識的に隠してきたのであった。よりよく国境を渡って行くために、そしてまた、よりよく時代を超えて行くために。このことは、ぼくに、特殊から普遍への巧《たく》まざる跳躍であるようにも思われるし、また、部分的な具象の放棄による、ある全体性への偶然の肉迫であるようにも思われる。

（清岡卓行『手の変幻』）

ここまでのところで、著者に①を解明しようとする意志は感じられません。〈ふとふしぎな思いにとらわれた理由――②〉を解明しようとしているだけです。しいていえば、最後のところで、やっと①について語る気配を見せます。彼女（ミロのヴィーナス）がその両腕をどこかに隠してきたその運命的な仕業が、「特殊から普遍への巧《たく》まざる跳躍」あるいは「部分的な具象の放棄による、ある全体性への偶然の肉迫」をもたらしたとするのです。

つまり、読み手は、②の解明を経て、そのあとで①の解明はなされるのだなと、ここへ来てやっとその見通しを立てることができます。

ところで、こうした「読み」の調整は、何によってもたらされたのでしょう。それは、文と文との関係を見つめたことによってです。冒頭文と第二文はどういう関係でつながっているのか。そこをごまかさずに見定めたことによって、この「読み」はもたらされました。

——書くことに必要な力があるとすれば、それはまず、前の文（書いてしまったこと）との整合性を保ちながら、文をつないでいく力だということになります。（99ページ）

文をつないでいく力——。これはいわば、「書くこと」における調整力のことです。文と文との関係が不自然でないかを見きわめる力です。一方、「読み」の調整力とは、文と文の関係を見定め、自分がいま何を読んでいるかを見きわめる力です。どちらも基本的には同じ力です。「読みの調整力」が備わっている人は、したがって、いざ書き手になれば、「書くことにおける調整力」もちゃんと発揮するものなのです。

さて、ここでの話はこれくらいにしますが、〈両腕を失っていたからこそミロのヴィーナスは魅惑的であり得たとするその理由——①〉については気になります。著者はこのあと、これについて語るわけですが、続きの本文を引用し、その不足が埋められる個所には傍線をつけておきましたので確認してみてください。

ぼくはここで、逆説を弄しようとしているのではない。これは、ぼくの実感なのだ。ミロのヴィーナスは、言うまでもなく、高雅と豊満の驚くべき合致を示しているところの、いわば美というものの一つの典型であり、その顔にしろ、その胸から腹にかけてのうねりにしろ、あるいはその背中のひろがりにしろ、どこを見つめていても、ほとんど飽きさせることのない均整の魔がそこにはたたえられている。しかも、それらに比較して、ふと気づくならば、失われた両腕はある捉えがたい神秘的な雰囲気、いわば生命の多様な可能性の夢を深々とたたえている。つまり、そこでは、大理石でできた二本の美しい腕が失われたかわりに、存在すべき無数の美しい腕への暗示という、ふしぎに心象的な表現が思いがけなくもたらされたのである。それは、確かに、なかばは偶然の生み出したものだろうが、なんという微妙な全体性への羽ばたきであることだろうか。その雰囲気に一度でもひきずり込まれたことがある人間は、そこに具体的な二本の腕が復活することを、ひそかに恐れるにちがいない。たとえ、それがどんなにみごとな二本の腕であるとしても。

（清岡卓行『手の変幻』）

一文を読み切る――語感を鍛《きた》える

本を開く目的はさまざまです。本を一つの資料と考え、そこから知識だけを拾っていく「読み」があってもおかしくありません。しかし、いわゆる通常の読書において、ざっと内容が摑《つか》めればいい、ストーリーがわかればいいという「読み」をしているかぎり、書ける人にはなりません。これまで見てきたように、文と文をつなぐ力は、そのような「読み」では養《やしな》えないからです。
ところで、文をつなぐ以前の問題として、書き手には一文をものする力が求められます。読書量をこなすだけの人は、その点でも不利な結果を招きます。その人は一文を最後まで読み切らない〝端折《はしょ》り読み〟の癖《くせ》がついているはずだからです。日本語を最後まで追う習慣がないため、いつまでも文体が育ちません。
たとえば、次のⅠ〜Ⅳのうち、みなさんが好ましく思うのは、どれでしょうか。助詞の組み合わせとして適当と感じられるのは、「は・は」「が・が」「は・が」「が・は」のいずれでしょうか。

Ⅰ．だいいちそうでなければ、あの震災直後に、救援物資を長蛇の列をなして受けとる国民文化は育つはずはない。

Ⅱ．だいいちそうでなければ、あの震災直後に、救援物資を長蛇の列をなして受けとる国民文化が育つはずがない。

Ⅲ．だいいちそうでなければ、あの震災直後に、救援物資を長蛇の列をなして受けとる国民文化は育つはずがない。

Ⅳ．だいいちそうでなければ、あの震災直後に、救援物資を長蛇の列をなして受けとる国民文化が育つはずはない。

一文を読み切る――。これは日本語を自分の中にいちど潜《くぐ》らせるということです。そうすることで、日本語なり日本語の型は、文字どおりその人の中に沈潜《ちんせん》し、血肉化していきます。あとは歩みや呼吸と同じで、文はその人の生理的な好みに沿う形でおのずとひねり出されます。個人の文体はそうやってつくられるのです。したがって、Ⅰ～Ⅳのどれを好むかも、これまでにその人が日本語をどう消化してきたかによるというわけです。

もう一つ、例題を出してみましょう。みなさんは、（　a　）と（　b　）にそれぞれどんな言葉を入れるでしょう。

A、こんな雨の日だ。どうせあいつは来ないに（　a　）。
B、こんな雨の日である。どうせ彼は来ないに（　b　）。

この二つの文がいわんとしていることは同じです。しかも、むずかしいことをいっているわけではありません。したがって、仮に小説の一部として読むなら、文末まで文字をたどらなくても、およその意味は摑めます。しかし、そういう「読み」を続けているかぎり、自分の文体を築《きず》くことはできません。

実際、（a）や（b）に入る言葉にこだわりが持てない人はいるのではないでしょうか。一方、こう結ばなかったら気持ちが悪いとして、これだというものをそれぞれ一つしか認めようとしない人もいるはずです。好ましいのは、やはり後者でしょう。

その人が書く文は、その人の生理と無縁ではありません。いえ、どんな文章を読んできたか、その影響こそは大きいといえます。しかし、いずれにしても、一文を最後まで読み切る習慣のないところに、文体は育たないということをくり返しいっておきたいと思います。

ちなみに、私は次のように入れなければどうも落ち着かない、そういう生理ないしは言語経験を持っています。

A、こんな雨の日だ。どうせあいつは来ないに（決まってる）。
B、こんな雨の日である。どうせ彼は来ないに（違いない）。

AとBは同じメッセージを伝えてはいても、そこに漂《ただよ》うムードは違います。言葉づかいも違います。そうである以上、同じ言葉で文末を結ぶわけにはいきません。いえ、たいていの人が、私と同じ言葉を入れたのかもしれません。

では、その前のⅠ～Ⅳでは、どれを一番好ましく感じたでしょう。あえて聞いてみたいと思います。

じつはこれ、ちょっと意地悪な質問です。私自身はどれも認めたくないと思っているからです。私の生理が、微妙なところでこのいずれをも拒むのです。私ならこう書きます。

だいいちそうでなければ、あの震災直後に、救援物資を長蛇の列をなして受けとる国民文化の育つはずがない。

主格の助詞には「が」のほかに「の」があります（「は」は格助詞ではなく係助詞のあつかい）。この場合、それを用いたほうが腰が据わるというか、文に一つの安定が生まれると思うのですが、いかがでしょう。

いいえ、逆に落ち着かないという人もいるでしょう。まさしく生理の問題です。ただ、この生理というものでさえ、一文を読み切る習慣がなければ、一つに定まっていかないということです。

日本語を追う。一文を読み切る。これによって得られる効用はもう一つあります。

語感を鍛《きた》えるということです。おかしな文をおかしな文として認め、仮に自分がそのようなものを書いたとき、すぐさま修正する力——。

たとえば、次の文を読んでみてください。

弘前《ひろさき》城は桜の季節には見物客でいっぱいになるが、いまの時期ではせいぜい三分咲きぐらいかもしれない。

舌足らずな日本語です。ざっと内容が摑めればいいという「読み」をくり返していると、このような日本語を書いて何ら違和感を覚えないということになります。では、この文、どう直したらいいでしょう。

弘前城は桜の季節には見物客でいっぱいになるが、せいぜい三分咲きのこの時期、客足はまだ少ないだろう。

こんなふうにすべきでしょうか。
もう一つ例文を見てください。

いくつかの駅を通過し、とある駅に着いたとき、私はふいに昔を思い出した。

これも何の問題もなさそうですが、読む人によっては、耐えがたいということになるのかもしれません。まず、「私は」は不要だろうと。たしかに日本語は主語を省略できる言語です。英語のようにいちいち「私は」や「彼は」とはせずに済みます。

次に、和語と漢語の混用です。これが気になるという人は多いのではないでしょうか。なるほど、「通過」とするなら、「着いた」ではなく「到着した」とでもすべきでしょう。その反対に、「思い出した」に合わせるなら、すべての動詞を和語で統一するほうがいいかもしれません。

いくつかの駅を通り過ぎ、とある駅に着いたとき、ふいに昔を思い出した。

もっとも、わざとねらって和語と漢語を同居させることはあります。違和感がかえってその文を読者に印象づける例はあるからです。

違和感といえば、次の標語はちょっと気になります。

席ねらう　人にはばまれ　逃げ場なし

これは電車の窓に貼られていた標語の一つです。車内マナーの啓発《けいはつ》が目的なのでしょう。車内から降りようとした人が、われ先にと乗り込む人たちに前をふさがれて降りられなくなり、悲鳴を上げている、そんなイラストが添えてあります。だからでしょうか。「逃げ場なし」がなおさら不自然に感じます。

「逃げる」という言葉は、対象から離れることを意味します。本来、後方に退くということであって、その向きは対象とは逆方向になるはずです。席をねらって乗り込もうとする人たちから「逃げる」のであれば、それは車内側へということになり、そうであるなら逃げ場は車内にいくらでもあるということにならないでしょうか。

いや、この人は後ろからも押されていて、いわば八方ふさがりになっているのだ。なるほど、そうかもしれません。だったら「逃げ道なし」とすべきでしょう。「場」は「ものが置かれる場所」を指す言葉です。イメージとしては平面です。そしてそういう「逃げ場」なら車内にもホームにもあります。この場合、ないのは「逃げ道」です。この人は前からも後ろからも道をふさがれてしまっているのです。

もっとも、この標語、すべてを承知でわざとそうしたのかもしれません。だとしたら、これこそは詩の作法ということになります。


独断と偏見を恐れずに言えば、詩というものの特徴は2つある。表現の意外性と意味の不確定性だ。まずどこか引っかかる、へんな言い方をすることと、それから、その意味がよくわからないこと――これがそうだと意味をはっきり断定できないことだ。これは文学一般のもつ特徴だけど、詩はとくにそう。というよりも、そういう特徴をあらわにして、そこに読者の注意を惹くこと自体に、詩の最大のねらいがあるといっていいだろう。

（川本皓嗣・小林康夫『文学の方法』）

いずれにせよ、語感は養っておく必要がありそうです。そうしなければ、「どこか引っかかる、へんな言い方」にさえ気づかずに終わってしまうからです。

ストーリーや内容を追うだけでなく、「日本語を追う。一文を読み切る」――大事なのはこの意識です。

第四章　書くことは読むこと

なぜ、ちぐはぐな文章を書いてしまうのか

書くことに必要な要件は、読むことです。本をたくさん読むということではありません。自分がたったいま書いたものを読んで、何を書き、何をまだ書いていないかをしっかり見きわめることです。そうすれば、書くべきことは見えてきます。もっといえば、書いてはいけないことが見えてくるのです。

次の文章を読んでみてください。

窓がキシキシいっている。今日は風が強い。遅い昼ご飯を食べていた。ひじきが食べたくなって、買い置きしていた、ひじきの袋を開け、水でうるかす間に、野菜を切って。ゆげの立つでき立てのひじきを、コタツに入って食べていた。

ちょっと、風邪っぽく、首にタオルを巻き、加湿機をかけて、風が強い分だけ外の空気が冷たそうに思えたので、どの窓も、閉め切っていた。

晴れていた。雲ひとつなく、冬の晴天だ。風が吹き飛ばしちゃったんだろう、雲を。電線が空に、くっきり、くいこんで、風や車の音、犬や鳥のなき声に混じって、

部屋の加湿機の、フゥーンという音が、していた。

枯れ葉が一枚、ひょいと、私の目の前を通り過ぎた。そのまま、スゥーと、窓の景の奥に吸いこまれた。思わず、箸を置いてコタツからはい出し、そのゆくえを追った。窓のカーテン越しに、枯れ葉は、近くのポプラの木にはりついた。こんな事があるんだ。……（以下略）

これはTという女優が、とある雑誌に書いた文章です。私はこれを読んで二つの戸《と》惑《まど》いを覚えました。

一つは、「どの窓も、閉め切っていた。」とありながら、「風や車の音、犬や鳥のなき声に混じって、部屋の加湿機の、フゥーンという音が、していた。」となっている点です。

もう一つは、「晴れていた。雲ひとつなく、冬の晴天だ。風が吹き飛ばしちゃったんだろう、雲を。電線が空に、くっきり、くいこんで、」とありながら、「窓のカーテン越しに、」となっている点です。

窓を閉め切った部屋で加湿機のフゥーンという音を聞きながら、同時に犬や鳥のなき声を聞くことはできるのだろうか。カーテンがたとえレース地であっても、そのカーテン越しに雲ひとつない空の様子や、電線が空にくっきりくいこんでいる様子を確認することはできるのだろうか。そう思ったのです。

犬や鳥のなき声は、彼女のイメージがつくり出したものではないでしょうか。電線がくいこんで見えるというのも、冬の晴天から引き出された一つのイメージにすぎないのではないでしょうか。実際に彼女の耳や目がとらえたものではない気がします。

では、実際に見聞きしたものしか書いてはだめなのか、文章に加工を施してはだめなのかといえば違います。加工はあって当然です。そうではなく、文と文をつなぐことに意識が向いていない点が問題なのです。つまり、書くべきことを書かずに、書きたいことを書いてしまった。だから、リアリティが失われてしまったのです。

――階級や性別などによる抑圧を受ける以前に、私たちは書いてしまったことの抑圧を受けます。テクストは、自身を参照することで、とある形へと編み上げられていくのです。

したがって、書くことに必要な力があるとすれば、それはまず、前の文（書いてしまったこと）との整合性を保ちながら、文をつないでいく力だということになります。

（99ページ）

これは別の言い方をすると、文章というのは、書きたいことを書くものではないということです。「こう書いた以上は、次にこう書かなきゃまずいんじゃないか？」――そうやって先に書いてしまったことを振りかえりながら、書きたいことではなく、書くべきことを書く。それが、書くことの基本操作です。

したがって、自分の書いた文章をちゃんと読めない人は、ちゃんと書けないということになります。書くことに必要な要件は読むことだと最初にいったのはそういうことです。

書くことは読むこと――。これはレトリックなどではありません。

「リレー作文」——文をつなぐ学習法

「書きたいことを書くのではない」などというと、そんなばかなと思う人がいるはずです。人は書きたいことがあるから、書くのではないかと。しかし、よく考えてみてください。「書きたいことがあるから」という動機は、本当でしょうか。そもそも書きたいことなんか何もないのが、普段の私たちではないでしょうか。いつも書きたいことに全身満たされているような人間がいたら、それこそ奇妙です。

書きたいことなんか何もない。しかし、何かの要請があって、仕方なく筆をとる。それはプロの作家だって同じです。いえ、彼らこそは書きたいことなどなくても、書くべきことを日々むりやりひねり出している人たちなのです。

こんなことをいうと、「それじゃあ、書かれたものはどれもいやいや書かれたものなのか。やっつけ仕事の産物なのか」などという人が出てきそうです。しかし、それはちょっと違います。書く動機はさまざまでも、正しい方法で書き上げられたものには見どころが必ずあります。

そのことを説明する前に、「リレー作文」の話をしましょう。これは私が高校の授業で必ずやる遊びです。ただし、遊びとはいってもそこから学べることは多く、書くことの本質を知るには、いちばんいい方法ではないかと思っています。

やり方は簡単です。まず二十人前後の班をつくります。

そして、先頭の席の生徒に原稿用紙を渡しますが、この原稿用紙には、たとえば、「その日も電車は人で満杯だった。」という一文がすでに書かれています。

先頭の生徒はそれに一文を書き足し、次の生徒に渡します。次の生徒も同じように一文を書き足して次の生徒に渡します。これをくり返していき、最後の一文を書いた生徒が全体を読み返して、タイトルをつけます。

ただし、ルールが三つあります。

①「。」を一つ打ったら次の人に渡す。つまり一文しか書いてはならない。（ただし、〈「──。」と言った。〉のような表記でセリフを書く場合には、「。」を二つまで認める）

②自分の順番が回ってきたとき以外は、書かれたものを見てはならない。

③人に相談してはならない。

つまり、書かれてある文章だけを頼りに、ゴールの見えない道なき道を進む。そういうイメージです。「リレー作文」に参加する生徒たちには、こうアドバイスします。

「とにかく、それまでに書かれた文章をよく読むことです。そして、それとの整合性だけを考えて、つまりそれらの文とうまくつなげることだけを考えて、あとは無責任に何でもいいから書きなさい。話を作ろうとしてはだめです。後先は考えない。だいいち、みんな書きたいことなど何もないのですから」

では、そんなふうにして出来上がった「リレー作文」を三つほど紹介します。

私のトラウマ　　　一年三組　A班

0　その日も電車は人で満杯だった。

1 日本人の究極奥義《おうぎ》「すみません」は使い慣れたものだ。

2 私は今日もそれを使い満員電車を乗りきった。

3 ホームに降り立ち、そこで背中にじわりとあたたかいような冷たいような嫌な汗がにじんだ。

4 私は「まさか。」と思い、後ろを確認した。

5 すると、後ろでは信じられない状況がおこっていた。

6 なんと汗まみれのおじさんが私にくっついているではないか。

7 そしてよく見ればかなりのデブで、通常の人間五人分ほどのスペースを一人で使っている。

8 「一体何が目的だ。」私はおじさんに要求を聞いた。

9 ⓐしかし、その質問が無意味だということに気付いた。

10 そのおじさんはめちゃくちゃ高そうなヘッドホンをし、音がもれるほどの音量でヘビメタを聞いていたからだ。

11 私は別の方法でおじさんと話をしようと思った。

12 肩をたたこうと思ったが、汗がひどいからやっぱりやめる。
13 その時、電車が着くアナウンスが聞こえた。
14 私は、そのおじさんが今から来る電車に乗ってくれることをいのった。
15 (b)しかし、そんな私の祈りもむなしく、おじさんは私にこう声をかけたのだ。
16 いや、驚かざるを得ない。
17 「すみません、おんぶしてもらっていいすか？　いやーなんか疲れちゃってさ。」
18 私は生涯こんなにも、厄日だと思う日は金輪際《こんりんざい》ないと思えた。

記憶

一年三組　B班

0 その日も電車は人で満杯だった。
1 クーラーの動く音はしているのに車内は炎天下にいるのとそう変わらないほど

にむしむししていた。
2 これならお金をケチらずにタクシーに乗ればよかったと内心後悔する。
3 後悔しているうちに目的地へついた。
4 すると、どこかで見た覚えのある人物がこちらを見つめていた。
5 その人の右手を見るとマッチ、左手にはくまのぬいぐるみをもっていた。
6 この人は、くまのぬいぐるみを燃やす気か。
7 そんな事を考えていると彼女は小さくほほえんでこちらに近づいてきた。
8 「どこかで以前お会いしたか。」と、僕はたずねる。
9 「いいえ、はじめてお会いしましたよ。」と彼女は答えた。
10 なぜ見覚えがあるのだろう。
11 何か思い出せそうだが、喉《のど》まで出かかっているが出て来ない。
12 それが、彼女と私の運命なのか。
13 (c)私がそんなことを考えていると、彼女がスッと私に向けてマッチを差し出した。

14 すると彼女は「手を使わずに火を付けてみて？」と言った。

15 私はそんなことができるのかと思いながらひとまず方法を考えてみることにした。

16 しかしいくら考えても答えは出てこなかった。

17 すると彼女の手にあったぬいぐるみが動き出し、マッチを使って火を付けたのだ。

18 これはいったいどんなファンタジー世界だ、と驚いていると、彼女は見《み》透《す》かしたようにこう言った。

19 「やはり人間は常識の範囲内でないと、冷静ではいられなくなってしまうのですね。」

20 「…その言葉、どこかで…」そうだ…僕はやっと彼女が誰なのかを思い出し、声を出そうとしたところで、けたたましい目覚ましの音で目を覚ましたのだった。

都電ハイジャック開始　二年三組　A班

0　その日も電車は人で満杯だった。
1　前にいる男が僕の足を踏んでいる。
2　男は僕に気付いていないようだ。
3　それにしてもこの男、重い。
4　いつまで足を踏んでるつもりだろう。
5　無理矢理足をあげてみようか。
6　だが、そんな事をすれば険悪な雰囲気になりかねない。
7　ああ、そろそろ池袋《いけぶくろ》に着く頃だ。
8　池袋は終点だから、きっと男もどくに違いない。
9　(d)その時、電車がとまった。
10　「きゃーわー!。」乗客の数人がバランスを大きくくずした。

11 その様子に気を取られた僕は知らなかった。
12 電車が動き始めた。
13 急に止まり急に動き出した電車に乗客はあわてているようだ。
14 すると、ずっと僕の足をふんでいた男が突然大声でさけびだしたのである。
15 「お前ら動くんじゃねえ！ こいつがどうなっても知らねえぞ」
16 男は、僕の襟首《えりくび》を掴み、鈍く照らされたその凶器を首筋に宛《あてが》ったのである。

前の文との整合性を保つこと。文をつなぐこと。これは意外にむずかしいものです。たとえば、『私のトラウマ』の次の個所などはどうでしょう。

0 その日も電車は人で満杯だった。
1 日本人の究極奥義《おうぎ》「すみません」は使い慣れたものだ。
2 私は今日もそれを使い満員電車を乗りきった。

「その日も」という回想的な書き出しの文章ですから、傍線部は「私はこのときも」とでもすべきでしょう。

0　その日も電車は人で満杯だった。

1　前にいる男が僕の足を踏んでいる。

『都電ハイジャック開始』の冒頭も同じです。傍線部で突然現在形になっていますが、冒頭の文につなげるなら、「僕は前にいる男に足を踏まれたまま、身動きもせずにじっとそれに耐えていた。」とでもしたほうが、うまくつながります。もっとも、生徒は十分な時間がない中でこれをやったわけですから、よく健闘したといえるかもしれません。

たとえば、『私のトラウマ』の次の一文などは、じつにリアリティがあります。

12　肩をたたこうと思ったが、汗がひどいからやっぱりやめる。

この生徒は、前に書かれていた「なんと汗まみれのおじさんが私にくっついているではないか。」をしっかり読んでいます。文をつなぐ意識がちゃんとあった。だから、リアリティが生まれたのです。

さて、生徒たちはこうして無目的に進んでいくことを強いられたわけですが、出来上がった作品は、いずれも予期せぬ世界を切り開いています。みな書きたいことなど何もなかったはずなのに、これはいったいどういうことでしょう。

三人寄れば文殊《もんじゅ》の知恵。なるほど、およそ二十人が発想を持ち寄れば、一人で同じことをするよりうまくいく。そういうことはあるかもしれません。

しかし、発想を持ち寄るといっても、「リレー作文」では相談を認めていません。話し合いを経てこれらの作品が生まれたわけではないのです。

「読者の目」を持つことによって、発想の自由が得られる

じつは「リレー作文」には、書くことの原理的な秘密がいくつか隠されています。

まず一つは、「書き継ぐことで書くべきことは見えてくる」①という原理です。これはすでに述べたことですが、不足が埋まることが永遠にないなら、書くべきことも永遠になくなりません。そして、そうやって文をつないでいけば、必ず何かの世界が切り開かれます。ただ、問題はそのつなぎ方です。

前後に矛盾がなければいい、整合性が保たれればいい。たしかにそのとおりなのですが、その結果、話が平凡な因果律《いんがりつ》の中に収まってしまうなら、その話は退屈なものになるでしょう。一人で文章を書き綴《つづ》るとき、私たちは得てしてそういう毒のない平凡に陥《おちい》ります。

ところが、「リレー作文」は違います。ここでは、自身の因果律はもともと破られるようにできています。どういうことでしょう。

先ほど紹介した三つとは別の作品ですが、書き出しがこんなふうに進んだものがありました。

0　その日も電車は人で満杯だった。

1　私の周りには、おじさんしかいなかった。
2　なんとなく私は車両を変えた。

みなさんなら、このあとにどういう文を足すでしょうか。「加齢臭に耐えられなかったからだ。」――平凡な因果律にしたがって、そんなふうに書くでしょうか。しかし、実際の生徒は、そのようには書きませんでした。

3　席をゆずる勇気がなかったからだ。

こう書いたのです。この発想、どこから湧いたのでしょう。生徒本人の経験からでしょうか。この生徒の感性がそう書かせたのでしょうか。残念ながらどちらも違います。直前の文をしっかり読んだのです。「なんとなく私は車両を変えた。」――ここにうかがえるのは曖昧な意思であり、若干のためらいです。この生徒はそこにひっかかりを覚え、「私」の内心を見つめ直したのです。

これは言い換えれば、表現の縛りを受けたということです。この生徒は書きたいことを書いたのではなく、むしろそう書くしかないというところでこの一文を書いた。だいいち、加齢臭に耐えられないのが理由なら、「私」はなんとなくではなく、決然と車両を変えたはずじゃないでしょうか。

ところでいま、「表現の縛りを受けた」といいました。「そう書くしかなかった」ともいいました。で、結果はどうだったでしょう。この生徒は逆に自由を得ています。自身の狭い因果律から抜け出しています。

――A君もB君もCさんも、その「読み」はいかにも自由でした。しかし、注目すべきは、こうした「読み」の自由が〈既知の情報〉を根拠にした自由であった点です。「言葉と常識」の縛《しば》りがあったからこそ、自由な「読み」ができた。これについては、第四章で詳しく説明します。（41ページ）

第一章でこのように書きましたが、「言葉と常識」の縛りが、「読み」の自由を保証する――その意味が、いまなら、わかるのではないでしょうか。

人は誰でも固有の因果律を持っています。発想のパターンが一人ひとり違うのです。別の言い方をすれば、人は身の丈に合った発想しかできないということです。ところが、その因果律は破られるときがあります。他者に触れたときです。たとえば、予期せぬ言葉を友人から投げられ、私たちは発想のくびきからふいに解放されたりします。

ものを読むときも同じです。表現こそは他者なのであって、その他者としての表現に接したとき、私たちはかえって発想の自由を得ます。ちなみに、ここでいう「自由」とは、何でもありの自由ではありません。「固定的な発想から抜け出る」という意味での自由です。そして、A君たちは、その意味での自由を得ているといいたかったのです。

私たちは「読み」を自分に都合よくおこないがちです。わかるところだけわかればいい、共感できるところだけ拾えばいい。しかし、これでは自身の因果律を破ることはできません。読書による成長は見込めません。「書きたいことを書くのではない」ということはすでに述べました。「読み」も同じです。読みたいことを読むのではないのです。

生きながら　針に貫かれし　蝶のごと
悶えつゝなほ　飛ばむとぞする　原《はら》阿佐緒《あさお》

恋文を　ひらく速さで　蝶が湧く　大西泰世《おおにしやすよ》

ともに「蝶」が出てくる点で共通していますが、「生きながら〜」の歌は現実に蝶を見ていません。一方、「恋人の〜」の句では見ています。もっといえば、この句では、語り手は蝶を見ているのであって、恋文じたいはどこにもありません。

たったそれだけのことですが、そのことに気づかない人は意外と多いのではないでしょうか。私たちは無意識のうちに、読みたいことを読もうとするからです。

先ほどの「リレー作文」に戻りましょう。「席をゆずる勇気がなかったからだ。」と書いたあの生徒は、「なんとなく」の一語を、ところで、どうして読み逃さなかったのでしょう。

他人が書いた言葉だったからです。これが、もし自分で書いたものなら、同じ生徒が「加齢臭に〜」と書いてしまったかもしれません。

このとき、いったい何が起きているのでしょう。

「リレー作文」では、生徒は書き手である前に、じつは読み手だということです。それまでに書かれた文は、すべて他人の文です。生徒は冷徹《れいてつ》な「読者の目」でそれらを眺める。だから、「なんとなく」という表現に違和感を覚えることができたし、結果として、自身の因果律から脱し、書きたいことではなく、書くべきことが書けたのです。

文章を書くことの難しさは、ここにあります。自分が書いた文章からは、人は縛りを受けにくいのです。

こんなふうにいってしまうと、書くことを悲観する人が出るのかもしれません。

〈そういえば、プロの作家だって必ず編集者がつくというじゃないか。なるほど、「読者の目」をそうやって得るわけだ。自分の文章は自分では冷静に読めない。だから第三者にダメ出ししてもらうんだ。編集者のいない一般の書き手は、じゃあどうすればいいいんだ……〉

そのとおりです。編集者でなくてもいい。誰かに読んでもらいたい。気づいたことをいってほしい。しかし、その誰かが、しかも他人がちゃんと読んでくれるかはわかりませんし、読んでくれたとしても、正直なことはいってくれません。

つまらない。日本語がそもそも変だ。そう心では思っても、本音は、二、三の褒《ほ》め言葉に包んで遠慮がちに届けられるだけです。

自分の文章は、やはり自分で読むしかないのです。

純然たる「読者の目」を差し入れることはできないにしても、書いたものを精査することはできます。

もしかすると、ときに「読者の目」を獲得する瞬間だってあるかもしれません。第二章で触れたインターテクスチュアリティ（相互テクスト性）の考え方に従えば、私の書くものは、私のもののようで、じつはそうではないからです。自分の中から出てきたはずの言葉も、結局は他のテクストと共有されている引用物でしかなく、そういう意味では、言葉はそれじたい、つねに他者性を含んでいます。

① 書き継ぐことで書くべきことは見えてくる。

この原理に加えて、ここでは次の原理を確認しておきます。

② 「読者の目」を持たなければ、平凡な因果律を破ることはできない。言葉が他者性を含み持つものである以上、「読者の目」を獲得することは必ずできる。

展開への欲望

ところで、「リレー作文」には、重要な共通点があります。話が途中で屈折している点です。『私のトラウマ』では、じつは次の二個所で、話の腰が折られています。波線をつけた文に注目してください。

(a) しかし、その質問が無意味だということに気付いた。

(b) しかし、そんな私の祈りもむなしく、

『記憶』では、次の一文がまったく予期せぬ一文として提示されています。

(c) 私がそんなことを考えていると、彼女がスッと私に向けてマッチを差し出した。

『都電ハイジャック開始』では、終点の池袋に着けば男はどくだろうと思っている矢

先に、次の一文が差し込まれます。

(d) その時、電車がとまった。

話のスムーズな流れを拒もうとするこれらの文は、いったい何でしょう。これがすなわち読者としての自分が書かせた文です。「リレー作文」では、書き手は同時に読み手でもあるわけですが、では読み手は、「文章を冷徹な目で眺める」ということ以外には、どういった特徴を持つのでしょう。

そうです。「展開を欲望する」のです。ひと言でいえば、同じ話は聞きたくないということです。

〈だから、何だというのだ。で、何がいいたいのだ……〉

読み手というのは、そうやって気忙《きぜわ》しく次の風景を見たがるものです。先ほどの

（a）～（d）の文は、したがって書き手としての生徒が書いたものではありません。読み手としての生徒が書いたものです。

一人で文章を綴るとき、人はともすれば自身の因果律の中に閉じていきます。いま書いているものを疑わなくなります。ひたすら書き手としてふるまうからです。ところが、書きながら読み手としてもふるまうことができたなら、話は違ってきます。「何だというのだ」、「何がいいたいのだ」――そういう展開への意識が生まれ、それまでの文章の流れを壊しにかかります。予期せぬ世界が切り開かれるのは、このときです。

「リレー作文」において、生徒たちはそうした新たな地平のあることを驚きとともに知りました。つまり書くことのゴールは、そうやって後から見えてくるものなのだ、ということに気づいたのです。

ということで、最後に次のような原理を示しておきます。

③　書き手は読み手としてふるまえなければ、すなわち展開を求めて壊すことがで

きなければ、新しい地平を切り開くことはできず、その書くものはつまらないものになる。

実作——教師が卒業生へのはなむけに書く文

ゴールは後から見えてくる——。そうであるなら、書くことは発見の営みということになります。人は書きたいことがあるから書くのではありません。書くべきことを発見するために書くのです。

では、理屈はこれくらいにして、書くことはどのような作業であるのか。それを実際にやってみようと思います。私は高校の現場で働く者です。毎年卒業生を送り出すわけですが、そのはなむけの言葉を学年主任の立場から述べるとします。掲載媒体はPTAの広報紙。制限字数は八百字。そのイメージでやってみます。

① 書き継ぐことで書くべきことは見えてくる。

②「読者の目」を持たなければ、平凡な因果律を破ることはできない。言葉が他者性を含み持つものである以上、「読者の目」を獲得することは必ずできる。

③書き手は読み手としてふるまえなければ、すなわち展開を求めて壊すことができなければ、新しい地平を切り開くことはできず、その書くものはつまらないものになる。

大事なのはこの三つの原理でした。したがって、書き出しを「卒業おめでとう」というふうにはしたくありません。むしろこれを壊したい。うっかりいってしまいそうになるこの言葉を、冷ややかに眺めたい。そう思うわけです。

〈卒業はそんなにめでたいものだろうか。めでたくない者もいるのではないか。充実した三年間を送ったならともかく、そうでない者にとっては、うれしさ半分、苦々しさ半分、せいぜいそんなところではないか……〉

さらに、このようにも考えます。

〈「卒業おめでとう」――この決まり文句はいったい何なのか……〉

言葉は他者性を含み持つということでいうと、たしかに「卒業おめでとう」には親近感がある一方で、強い違和感もあります。当たり前に使っていた言葉ですが、よそよそしい気もします。なぜでしょう。そして、気づくのです。それが賛辞でないことに……。ということで、書き出しは決まりました。

「卒業おめでとう」という言葉は祝辞であって賛辞ではない。「あけましておめでとう」と同じく、節目を祝って次への弾《はず》みとする言葉だ。よって過去を不問《ふもん》にする働きもある。過去はみな美しくなるのである。

「次への弾み」がねらいなら、過去は不問《ふもん》に付され、美しくさえなる……。文をつなごうとすれば、ここは自然とそういう流れになります。しかし、また気づきます。過去に目隠しすることは、次への本当の弾みにはならないと……。

だが、本当に〈次への弾み〉としたいなら、過去への反省がなくてはならない。賛辞ではないと言ったが、それこそ褒《ほ》められるべき卒業であったのかどうか。いや、中には充実した時間を過ごした者もいる。成長著《いちじる》しい生徒を実際に何人も見ている。しかし、「ああもできた、こうもできた」、たいていの者はそんな悔いを残しているのではないか。

嫌みな書き出しから始まって、湿っぽい話になってしまいました。卒業の日に恨《うら》み言めいたことをいってどうなるのでしょう。

私が次に書くべきことは、したがって、そうまでいう背景にあるものです。「充実した時間」とか「成長著しい生徒」とかいってるが、じゃあ具体的にはどうあれというのか。その声に答えなくてはなりません。ただし、卒業生の一部を名指しして褒めたのでは品がありませんから、こんなふうに続けてみます。

以前勤務していた学校のマラソン大会で優勝したのは、陸上部の男子生徒だった。ゴールした直後の彼と話がしたくて、だが、それができなかった。酸素切れを免《まぬが》れようと必死の形相《ぎょうそう》で呼吸をくり返す彼は、しばらくのあいだ口が利《き》けなかったのだ。

陸上部なら勝って当たり前――。それが間違いであると知ったのは、彼が数分後にやっと洩《も》らした言葉によってであった。「何度か本当に死ぬと思いました」。彼は真顔でいったのだ。一番先にゴールした者こそは一番苦しんだ者に決まっている。そんな自明《じめい》のことを私は忘れていたのである。

唐突《とうとつ》な感じはしますが、話が具体的であるため、読み手はいくぶん新鮮な気持ちでここを読むでしょう。また、ここには普遍的な何かが埋め込まれています。もっとも、「普遍的な何か」とは、「相手に有無をいわせぬ何か」ということでもあり、このエピソードをもって卒業生を糾弾《きゆうだん》したところで生産性はありません。そこで私はここまでの話を、こんどは壊しにかかろうとします。

がんばった生徒、がんばらなかった生徒。そこに線引きして、偉そうに説教を始めそうになっている自分を、それではつまらないと、冷ややかな目で眺めるわけです。

そして自問します。

〈このエピソードは、私のどこから引き出されたのか。このエピソードを語ることで、私は説教以外の何ができるのか。どんな話なら、このエピソードにうまくつながるのか……〉

そうです。流れを変えようとする意識も大事ですが、それよりも大事なのが、どうつなぐかという意識です。書きたいことを探るのではなく、書くべきことを探るのです。マラソンのエピソードは、どんな話にならうまくつながっていくかと……。そして、私はある発見をします。

さて、卒業までの道のりを君たちはどう駆《か》けたのかと再び問えば、この晴れの日にあまりにも世知辛《せちがら》い。しかし、問わずにいられないのは、それが自戒《じかい》の言葉でもあるからだ。卒業は生徒だけのものではない。教師もまた、この節目の日には「ああもできた、こうもできた」と唇《くちびる》を噛《か》むのである。

人は自分の欠点をよく知っていて、それと同じものを他人の中に見ると、それをひどく嫌悪《けんお》するものです。つまり、がんばった生徒を讃《たた》え、がんばらなかった生徒を糾弾しようとする背景には、じつは私自身への嫌悪があった。私はそれに気づいたのです。話はここに至って大きく展開しました。

ちなみに、展開こそは文章の命です。最初から最後まで、「卒業おめでとう」「よくがんばった」「これからは勇気をもって未来を切り開いてくれ」「君たちの前途《ぜんと》は明るい」――こういった同じトーンで話が進むなら、そのうちのどれか一つを読めば十分です。あるいは、いまやったように、檄文《げきぶん》のごとく個条《かじょう》書きで示されたほうがよほど小気味よいといえます。

しかし、文章は違います。そこには、壊しながら何かを積み上げていくという展開の跡がなくてはいけません。展開のないところに、発見はないからです。発見のない文章を読む苦痛は、すでにみなさんの知っているところです。

それでも何でも、今日は君たちにとって特別な日である。よくここまで走り切ったと、やはり賛辞を贈りたい。ただし、私はまた出直しである。苦しんだ量に比例するのが「実り」というものであるなら、その実り豊かになる日まで、また頑張る。だから君たちとは、ここでお別れだ。

いくら「卒業は生徒だけのものではない」とはいっても、卒業生そっちのけで、自分の反省を並べ立てたのではこの文章の趣旨に反します。卒業生には何か言葉をいってやりたいのです。

では、どうすればよいのでしょう。私は冒頭で「『卒業おめでとう』という言葉は祝辞であって賛辞ではない。」などと、嫌みなことをいっています。それを忘れずにいるなら、「よくここまで走り切ったと、やはり賛辞を贈りたい。」の一文は、必然的に導き出されます。

また、マラソン大会のエピソードを書きっぱなしにしない配慮があれば、「実り」の話も自然に出てきます。「ここでお別れだ。」も、卒業は生徒だけのものではないと聞かされたあとなら、ただの形式的な言葉とはならなくなるはずです。

もっとも、この最後の部分はいかにも教師臭く、一般の人が読めば鼻をつまみたくなるかもしれません。しかし、学校世界においては、教師は教師としてふるまわなければならないという「一面」があります。そのあたりの意をどうか汲《く》んでいただければと思います。

さて、最後にタイトルですが、ここはあえて凝《こ》ったものは避けたいところです。『卒業の日に』とでもしておきます。全文を通すと、次のようになります。

卒業の日に

「卒業おめでとう」という言葉は祝辞であって賛辞ではない。「あけましておめでとう」と同じく、節目を祝って次への弾《はず》みとする言葉だ。よって過去を不問《ふもん》にする働きもある。過去はみな美しくなるのである。

だが、本当に〈次への弾み〉としたいなら、過去への反省がなくてはならない。賛辞ではないと言ったが、それこそ褒《ほ》められるべき卒業であったのかどうか。いや、中には充実した時間を過ごした者もいる。成長著《いちじる》しい生徒を実際に何人も見ている。しかし、「ああもできた、こうもできた」、たいていの者はそんな悔いを残しているのではないか。

以前勤務していた学校のマラソン大会で優勝したのは、陸上部の男子生徒だった。ゴールした直後の彼と話がしたくて、だが、それができなかった。酸素切れを免《まぬが》れようと必死の形相《ぎょうそう》で呼吸をくり返す彼は、しばらくのあいだ口が利《き》けなかったのだ。

陸上部なら勝って当たり前――。それが間違いであると知ったのは、彼が数分後にやっと洩《も》らした言葉によってであった。「何度か本当に死ぬと思いました」。彼は真顔でいったのだ。一番先にゴールした者こそは一番苦しんだ者に決まっている。そんな自明《じめい》のことを私は忘れていたのである。

さて、卒業までの道のりを君たちはどう駆《か》けたのかと再び問えば、この晴れの日にあまりにも世知辛《せちがら》い。しかし、問わずにいられないのは、それが自戒《じかい》の言葉でもあるからだ。卒業は生徒だけのものではない。教師もまた、この節目の日には「ああもできた、こうもできた」と唇《くちびる》を噛《か》むのである。

それでも何でも、今日は君たちにとって特別な日である。よくここまで走り切ったと、やはり賛辞を贈りたい。ただし、私はまた出直しである。苦しんだ量に比例するのが「実り」というものであるなら、その実り豊かになる日まで、また頑張る。だから君たちとは、ここでお別れだ。

何を書かないか

読まなければ書けない――。
読めなければ書けない――。

この二つは、まるで意味が違います。

前者は、「文章が書けるためには、読む経験が必要だ」というシンプルなメッセージを伝えているだけです。「読めば書ける」といっているわけではありません。ところが後者は、文章が書けるための本質的な要因は読む力にあるとし、「読めれば必ず書ける」という強いメッセージを言外に含んでいます。そして、私がこれまで述べてきたことは、この後者の意味であったわけです。

自分は何を書いて、何をまだ書いていないのか。自分の文章をそういう視点で読むことができれば、人は書くべきことを見誤らないといいました。

その日も電車は人で満杯だった。私の周りには、おじさんしかいなかった。（ア）なんとなく私は車両を変えた。（イ）加齢臭に耐えられなかったからだ。

このように書いてしまったあとで、(ア)と(イ)のつながりに違和感を覚えるような「読み」ができれば、平凡な因果律を破ることができるといいました。

また、展開を欲望する読者の目線を、書き手である自分の中へ持ち込むことができれば、文章は退屈でなくなるともいいました。

では、これだけでうまい書き手になれるかといえば違います。いい文章をひたすら肌で感じる経験が、一方ではどうしても必要です。文章には、呼吸とか間合いとかいうよりほかにない、測《はか》りがたいものがたしかにあるからです。「読まなければ書けない」は、その意味においては、いかにも重要な指摘なのです。

たとえば、次の文章を読んでみてください。

1943年初め、中国戦線に展開していた支那派遣軍工兵第116連隊の私たちの小隊に、武岡吉平という少尉が隊長として赴任した。早稲田大理工科から工兵学校を出たインテリ少尉は、教範通りの生真面目《きまじめ》な統率で、号令たるや、まるで迫力がない。工兵の任務は各種土木作業が主であり、力があって気の荒い兵が多い。統率する少尉の心労は目に見えていた。

44年夏、湘桂作戦の衡陽（現中国湖南省）の戦いで、敵のトーチカ爆破の命令が我が小隊に下った。生きて帰れぬ「決死隊」である。指揮官は部下に命じればよいのだが、武岡少尉は自ら任を買い、兵4人を連れて出て行った。やがて大きな爆発音がした。突撃する歩兵の喚声が聞こえた。爆発は成功したのだ。

決死隊5人は帰ったが、少尉だけが片耳を飛ばされ顔面血まみれだった。なんと、少尉が先頭を走っていたという。

戦後30年たった戦友会で、武岡少尉に再会した。戦中と同じ誠実な顔をされていた。大手製鉄会社で活躍、常務となって間もなく亡くなった。


（久田二郎『決死隊の先頭を走った少尉』）

これは、二〇一〇年三月十五日の朝日新聞の特集「語りつぐ戦争」に載った、九十歳の一般の方の文章です。掲載するに当たって編集者の手が入ったことは想像できます。しかし、それでも何でも、いい文章であることには違いありません。

ゴンドラ山頂駅近くを巡回中の時だった。その子は転んでは起き、転んでは起きしていた。傍《かたわ》らには誰もおらず、誰と来たのか尋ねたがさっぱり要領を得なかった。6歳だという。

「スキーはね、ブレーキをかける時はハの字に開くんだよ」と一人前の口をきくが、スキー操作はおぼつかない。上級者用コースを下ろうとしていたので初級者用コースに誘導した。途中、何度も転んではそのたびに起きあがり、また滑《すべ》っていく。気になって後を追った。

約5キロのコースを8割がた滑り終えた時、転んだ拍子に雪に顔を突っ込んでしまった。彼は泣き出した。もう限界だろうと判断し、彼を背負って下山した。お母さんが私たちをすぐ見つけてくれた。スキー教室にいたのが急に見えなくなり、捜し回っていたという。知らぬ間にゴンドラに乗ってしまったらしい。

スキーパトロール歴35年にして、初めて遭遇した「迷子」だった。それにしても、スキーを学んでわずか2日目で山頂から滑りおりようとしたけなげさがいとおしい。

（山内力『山頂から滑る6歳児の勇気』）

二〇〇五年三月十七日刊の朝日新聞の「声」欄に載った、やはり一般の方の文章ですが、これまたいい文章です。

さて、「いい文章」などと曖昧な言い方をしましたが、この二つの文章、何がいいのでしょう。結論からいってしまいますと、「書かずともよいことを、ちゃんと書かずにいる」からいいのです。

最初の文章では、「なんと、少尉が先頭を走っていたという。」のあとに何もありません。結びの部分にも、「戦中と同じ誠実な顔をされていた。」とあるだけで、余計な賛辞はありません。

二つ目の文章も同じです。事実が淡々と述べられているだけで、せいぜい最後の「けなげさがいとおしい」に、やっと書き手の思いが表現されたという感じでしょうか。

——不足を埋めればまた不足が生じ、それを埋めればまた別の不足が生じる。じつは一文でも書いてしまうと、書くことは永久に止められない仕組みになっているのです。すべての不足が埋まることは絶対にないからです。（97ページ）

これはつまり、書くことよりも、書かないことのほうがむずかしいということです。不足は埋めようと思えばいくらでも埋められます。

しかし、何については埋めて、何については埋めずにおくか、書かずにおくか。この見きわめは簡単ではありません。

書くことは本当に簡単です。不足の情報を埋めていくことが書くことですから、文章は何百枚、何千枚と、いくらでも書き継ぐことができます。では、本当に不足の情報を一から十まで埋めていったらどうなるでしょう。おそらく、読めたものではなくなります。

試しにそんな文章を書いてみると、どうなるか。やってみましょう。

朝目覚《めざ》めると、僕はベッドから上体だけを起こして時計に目をやった。カエルの絵がついた緑色の目覚まし時計。それはいつも机の右隅に置いてある。小学生のときに叔母からもらったものだ。さて、その時計の針が八時を指していると知ったとき、僕はベッドから跳《と》び起き、パジャマを脱ぎ捨てると、急いでジャージに着替えた。そして部屋を飛び出し、階段を駆け下り、迷った末に台所に飛び込んだ。台所のテーブルには冷えたトーストが一枚だけ皿に乗っていた。僕はそれを一口齧《かじ》り、すぐに踵《きびす》を返すと、再び駆けて玄関に向かい、急いで靴を履《は》いて家を飛び出した。

窒息《ちっそく》しそうな文章です。時計と書けば、それはどういう時計であるかを詳細に語り、「僕」の動きについても逐一《ちくいち》描いています。

目覚めると八時を過ぎていた。僕はトーストをひと齧りしただけで家を飛び出した。

これでいいのではないでしょうか。にもかかわらず、つい余計なことまで書いてしまうのが、実際の私たちです。

〈いや、そうじゃない。そもそも書くことがないから困っているのだ……〉

なるほど。そういう人もいるのですね。

しかし、何も書くことがないというのは本当でしょうか。たとえば、書くことがないといった瞬間、では、一行も書けない私とは何なのか、何が原因で私は文章が書けないのか。そういう不足の情報がいやでも生まれてしまうのではないでしょうか。

作文で苦い経験をしたから――。

最近は感動することに出会ってないから――。

では、その苦い経験とはどんなものだったのでしょう。最近感動してないなら、昔は感動したのでしょうか。その感動とはどういうものだったのでしょう。

そうです。書くべきことは、このように書くことがない人の中にも次々に生まれてしまうものなのです。むしろ問題は、いくらでも書けてしまうその最中《さなか》にあって、どこまで筆を抑《おさ》えられるかということです。

とくに書き手の「思い」が曲者《くせもの》です。出来事の描写をいくら精密におこなってもまだ許されますが、「思い」を書き過ぎたときには、人はもうその文章を読まなくなってしまいます。主観を押しつけられた気分になってしまうからです。

たとえば、何の気なしに、次のように書いてしまうことはよくあります。

夫に早く先立たれた母は、まさに女手一つで三人の子どもを養い育てた苦労人だった。だが、明るくて慈悲深い性格の母は近所の人気者だった。家計はいつも逼迫《ひっぱく》していたが、困っている人を見れば迷わず金品を差し出し、自分はボロを着て頓着《とんちゃく》することがないのである。そんな人徳からか、町の婦人会では母はなにかと代表を務《つと》めることが多かった。

自慢話が過ぎないよう工夫はされていますが、それにしても主観が多すぎます。「苦労人」「明るくて慈悲深い性格」「近所の人気者」「人徳」——、これらは読み手が判断することであって、書き手がいうことではありません。そもそも、この母親以上に苦労している人は世の中に山ほどいるでしょうから、「苦労人」という言葉じたいが事実に反することになります。

写生文という考え方があります。正岡子規が提唱した「写生」（自然を客観的にありのままに写すこと）から出発したもので、散文にもその精神が引き継がれたのです。もっとも、写生文の定義そのものは曖昧で、論者が違えばその中身も違いますが、たとえば、子規と親交の深かった夏目漱石《なつめそうせき》は、写生文について次のように説明しています。

小供《こども》はよく泣くものである。小供の泣くたびに泣く親は気違である。親と小供とは立場が違う。同じ平面に立って、同じ程度の感情に支配される以上は小供が泣くたびに親も泣かねばならぬ。普通の小説家はこれである。彼らは隣り近所の人間を自己と同程度のものと見做《みな》して、擦《す》ったもんだの社会に吾《われ》自身も擦《す》ったり揉《も》んだりして、あくまでも、その社会の一員であると云《い》う態度で筆を執《と》る。したがって隣りの御嬢さんが泣く事をかく時は、当人自身も泣いている。自分が泣きながら、泣く人の事を叙述するのとわれは泣かずして、泣く人を覗《のぞ》いているのとは記叙《きじょ》の題目そのものは同じでもその精神は大変違う。写生文家は泣かずして他の泣くを叙するものである。

（夏目漱石『写生文』）

お笑い漫才は、演者が笑ってしまっては始まりません。笑うのはお客です。漱石はそれと同じことをいっています。「写生文家は泣かずして他の泣くを叙するものである。」——よくいわれるところの、対象と距離を置くということでしょう。

じゃあ、写生文家は無慈悲かといえばそうじゃない、同情もあると、この文章のあとに漱石はそうも書いています。世間とともにわめくような同情じゃなく、気の毒に堪《た》えないと思いながら、その裏に微笑を含むような同情。だから写生文には、滑稽《こっけい》がにじみ、ゆとりがあらわれ、伸びやかさが生まれる。書き手が人事を写しとるに当たって、全精神を奪われてしまわないからである。そのようにいっています。

なるほど、そうであるなら、『吾輩は猫である』などは写生文の典型といえるでしょう。世を茶化《ちゃか》しながらも、そこには情もあれば、ゆったりとした伸びやかさもあります。

さて、自分について書き、身内について書くとき、私たちはその内実をよく知っているだけに「思い」がまさって、つい「苦労人だった」というような言葉を使ってしまいがちです。漱石のいう同情ということであれば、自分で自分に同情し、身内に同情してしまうのです。しかし、そんなことをしても、〝情〟は生まれず、読み手はしらけるだけです。では、どうすればいいのでしょう。

対象と距離を置けばいいのでしょうか。いえ、自分や身内については、逆にこれを徹底的に貶《けな》し、貶《おとし》めるのです。何度も拳《こぶし》をふりあげて、これでもかとやっつけるのです。そして、もうそれくらいでいいではないかと、読者のほうがたまらなくなって拳を押さえにかかるとき、〝情〟ははじめて読み手の中に生まれます。

こんな話をすると、すぐに思い浮かぶ作家がいます。「死のうと思っていた。」――デビュー作をこう書き出した作家、太宰治《だざいおさむ》です。ちなみに次の文章は、彼の『六月十九日』という小文の冒頭部分からの引用です。

私は子供の頃、妙にひがんで、自分を父母のほんとうの子でないと思い込んでいた事があった。兄弟中で自分ひとりだけが、のけものにされているような気がしていた。容貌がまずかったので、一家のものから何かとかまわれ、それで次第にひがんだのかも知れない。蔵へはいって、いろいろ書きものを調べてみた事があった。何も発見出来なかった。むかしから私の家に出入している人たちに、こっそり聞いて廻《まわ》ったこともある。その人たちは、大いに笑った。私がこの家で生れた日の事を、ちゃんと皆が知っているのである。夕暮でした。あの、小間で生れたのでした。蚊帳《かや》の中で生れました。ひどく安産でした。すぐに生れました。鼻の大きいお子でした。色々の事を、はっきり教えてくれるので、私も私の疑念を放棄せざるを得なかった。なんだか、がっかりした。自分の平凡な身の上が不満であった。

（太宰治『六月十九日』）

自分だけは親の本当の子ではないとひがんでいた人間が、本当の子だったと知ったら知ったで、こんどは「平凡な身の上が不満」であると述べる。では、読者がこの文章を読んで不快になるかといえば、不思議なことに、そうはなりません。語り手の声に、それなら耳を傾けてやるかと、むしろそうなるのです。

人間とはあさましいもので、他人の不幸を眺めたり、自分よりだめな人間を眺めたりして安心を得ようとします。

太宰は、そんな人間心理に訴える術《すべ》をよく知っていました。彼は欠点だらけの人間を描き、読者にある種の優越感を覚えさせながら、さんざんその人間につき合わせ、最後には読者を泣かせたり笑わせたりします。そんな彼の術中にはまり、いや、そうと知りながら、彼の作品にいっとき夢中になった読者は少なくないはずです。

何を書き、何を書いてはならないか。太宰はそのことを熟知した書き手でした。

膨《ふく》らみのある文章

次の文章を読んでみてください。山本周五郎《やまもとしゅうごろう》『青べか物語』の一節です。

潮の匂《にお》いのする強い風に吹かれながら、沖の弁天のほうへ歩いていたとき、うしろからいきなり大きな声で呼びかけられ、私はとびあがりそうに驚いて振り返った。あの老人がすぐうしろにいた。継ぎはぎだらけの、洗い晒《ざら》したためくら縞《じま》の半纏《はんてん》に、綿入《わたいれ》の股引《ももひき》をはき、鼠色《ねずみいろ》になった手拭《てぬぐい》で頬《ほお》かぶりをしている。それはこの土地の漁師たちに共通の常着《つねぎ》であるが、もう綿入の股引をはく季節ではなかった。

「おめえ舟買わねえか」と老人は私と並んで歩きながら喚《わめ》いた、「タバコを忘れて来ちまっただが、おめえさん持ってねえだかい」

私はタバコを渡し、マッチを渡した。老人はタバコを一本抜いて口に咥《くわ》え、風をよけながら巧みに火をつけると、タバコとマッチの箱をふところにしまった。

「いい舟があんだが」と老人は二百メートルも向うにあるひねこびた松ノ木にでも話しかけるような、大きな声でどなりたてた、「いい舟で値段も安いもんだが、買わねえかね」

私が答えると、老人は初めからその答えを予期していたように、なんの反応もあらわさず、吸っていたタバコを地面でもみ消し、残りを耳に挟《はさ》んでから、手洟《てばな》をかんだ。

「おめえ」暫《しばら》く歩いたのち、老人がひとなみな声で云った、「この浦粕《うらかす》へなにしょうしに来ただい」

私は考えてから答えた。

「ふうん」と老人は首を振り、ついで例の高ごえで喚いた、「おんだらにゃあよくわかんねえだが、職はあるだかい」

私が答えると、老人はちょっと考えた。

「つまり失業者だな」と老人は喚いた、「嫁を貰《もら》う気はねえだかい」

私は黙っていた。別れるときマッチだけ返してもらったが、急に耳の遠くなった老人は、二度も三度も私の云うことを訊《き》き返し、そのため私は自分がひどい吝嗇漢《りんしょくかん》になったような、恥ずかしさを感じた。

（山本周五郎『青べか物語』）

ここでは、色々なものが端折《はしょ》られています。

老人の言葉に「私」は三度答えていますが、それぞれどう答えたのか。老人はどうして急に耳が遠くなったのか。老人は二度も三度も「私」のいうことを聞き返したというが、「私」はそもそも老人に何をいったのか。そういうことがすべて省かれています。

しかし、読者はへっちゃらです。想像力があるからです。

「膨《ふく》らみのある文章」とは、つまり「読み手が想像の世界に遊ぶ余地を残している文章」ということになります。

書き過ぎれば、読み手の出る幕はなくなります。その文章は字面《じづら》どおりの意味を表明して終わります。しかし、書かれていないことがあれば、そこは読み手が想像力で補うしかありません。文章は逆に多くのことを語りはじめます。膨らみが生まれるのです。

戦後30年たった戦友会で、武岡少尉に再会した。戦中と同じ誠実な顔をされていた。大手製鉄会社で活躍、常務となって間もなく亡くなった。

『決死隊の先頭を走った少尉』のこの結びの部分も、ここに一文字でも加えてしまったら、すべてが台無しになったことでしょう。

やれ、武岡少尉の会社での働きぶりはすごかった、常務となってすぐに亡くなったのは無念だった、最期まできっと立派であったはずだなどと書いてしまったら、それこそ読み手は興ざめです。そんなことは書かれずとも、読み手はちゃんと胸の内でそれを感じるものなのです。

書くことは不足の情報を埋めること——。

これは大事な原理です。しかし、

何を埋めて、何は埋めずにおくか——。

この匙《さじ》加減こそは、もっとも大事だということです。

もっとも、これは言葉でいうほど簡単なことではなく、いい文章にたくさん触れるしか道はないようです。

――文章には呼吸とか間合いとかいうよりほかにない、測《はか》りがたいものがたしかにあるからです。（186ページ）

この「測りがたいもの」は肌をとおしてじかに感じるしかありません。そしてその意味では、小説から学ぶことは多いといえます。語らずして語る。小説はそういうジャンルだからです。

二度目の接吻は私を少しずつ大胆にした。すると、根見子は私の大胆さを、その度に許した。そして私は、こんなことが起り得るのだろうか、起っていいのだろうか、と感じながら根見子を横にし、根見子に触れていった。根見子は自分の女の性を私に放棄して、目をつぶっていた。社会の、世間の、教育の絶対的なこのタブーを破るのは、戦慄的なことであった。しかし私は、彼女に強《し》いるというよりは、拒まれないままで、そこまで来てしまったのだった。彼女は融《と》けた蠟《ろう》が虫を捕《とら》えるように私をとらえ、私の力を終りにした。あっけない、些細《ささい》なことが起って過ぎ去ったようであった。しかし今行われたことの意味は、これから後に分って来るように感じられた。

（伊藤整『若い詩人の肖像』）

伊藤整《いとうせい》の自伝的小説の一節です。「私」は十九歳の大学生、根見子は十七歳の女学生です。二人のはじめての性を、伊藤はたったこれだけの文字数で描き切り、なお余情を残しています。書かないことによる膨らみがここにはたしかにあります。

さて、「膨らみのある文章」はただ単純に書かないことで達成されるかというと、じつはそうではありません。

以前、ある文学賞の選評で、選考委員の宮本輝《みやもとてる》が次のように書いたことがありました。

書かれてあるもの以上の何かが行間から湧き出てこない。

これは一見すると、「書き過ぎだ。これでは膨らまない」という苦言のように思われます。

しかし、行間から湧き出るものとして期待されているのは、まさしく何かなのであって、いま読まされている話に関するものだけとは限らないのではないでしょうか。

〈この小説を読みながら、何度もこの世ならぬものの存在に触れた気がした……〉
〈自分が歴史の一部であり、世界の一部であることをいまさらながら思い知った……〉
〈忘れていた古い記憶がよみがえった……〉

こうした何かも、私たちは文章から汲みとることがあるということです。もちろん、どんな言葉に触れて何を思うかは人それぞれであり、読み手の想念はいつだって気まぐれです。つまらない文章を読んだって、私たちはある感慨にふけったり、黙り込んだりするものなのです。

ただ、そういう何かを意図的にねらう文章はたしかにあって、たとえば堀江敏幸《ほりえとしゆき》の文章などは、行間に漂《ただよ》い出る何ものかによっていつも満腹にさせられる、そんな仕掛けになっています。

話は十日ほど前に遡《さかのぼ》る。その名に沼沢《しょうたく》の意をとどめている地区のはずれの、人によってはフローベールの小説の題名や安楽死などという単語を思い浮かべるらしい、細ながい通りに私は棲《す》みついていたのだが、あたり一帯にはわがユダヤ人の大家をはじめとする紳士服の問屋が蝟集《いしゅう》し、中小の店舗が開いては消え、また開いては消えるという狂態を演じていて、ついこのあいだまで派手な紫色のスーツを着たマネキンが立っていた飾り窓にいつのまにやら「貸店舗」の札が下がり、思う間もなくその店がべつの問屋と入れ替わって、カジュアルな服を扱うブティックに様変わりするというていたらくだったのだけれど、そんなふうに浮き沈みを繰り返していたいくつもの店が、ある時期から、プラスター壁にほとんど手を加えられることのないまま画廊に転用され、現代美術に疎《うと》い者には、灯油缶に針金を溶接したり、焼け跡に残った金属パイプを組み合わせてあるだけで、なにがなんだか理解に苦しむあの《オブジェ》と呼ばれる作品群を展示するようになったのである。

（堀江敏幸『洋梨を盗んだ少女』）

これを次のように書き換えては、だめでしょうか。

私がユダヤ人の大家から間借りしていたアパートは、紳士服の問屋が蝟集する地区のはずれにあった。問屋は入れ替えが激しく、昨日までマネキンが立っていた飾り窓に突然「貸店舗」の札が下がるようなことがたびたびある。ところが、十日ほど前かからは、それらが画廊に転用さて、わけのわからないオブジェが展示されるようになったのである。

たぶん、だめなのです。さっさと先に進みたい人には歓迎されるかもしれませんが、これでは報道文のようになってしまいます。地区名をいえば済むところを、それを隠して「その名に沼沢《しょうたく》の意をとどめている」だとか、「人によってはフローベールの小説の題名」を思い浮かべるだとか、いや「安楽死などという単語」を連想するかもしれないだとか書いていく。つまり、そういう「雑音」を読み手の耳に届けることで、文字どおり雑念を抱かせる。作者はそれをねらっているのです。

〈もともと沼地だったところを埋め立てたのだとすれば地価は安いのだろう。だとすれば下層階級の居住地域ということか……〉

〈フローベールの小説など読んだこともなければ、そもそもフランスに行ったこともない自分は何なのだ……〉

〈フランス語で安楽死は何というのだろう……〉

同じことは、「ある時期から画廊に転用され」で済むところを、「ある時期から、プラスター壁にほとんど手を加えられることのないまま画廊に転用され」としているところにもいえます。

〈プラスター壁とは、そもそもどんな壁なのだろう。いや、そんなことより、この画廊もすぐに別の店舗へと様変わりするのだろう。だから壁には手を加えないのだ……〉
〈パリに発表の場を与えられない芸術家は無数にいて、彼らはだからこうして郊外に流れて来るのだろう。それが芸術の都パリの現実か……〉

つまり、埋める必要のない不足を埋めることで、逆に行間が広がることはあるということです。

ところで、堀江敏幸はこの文体をどこで手に入れたのでしょう。フランスの小説をいくつも翻訳している彼の語学的経験からでしょうか。それとも、日本語の伝統からでしょうか。平安古典を紐解けば、先ほどのような息の長い語りはむしろ主流であることがわかります。

ばかげた試みですが、平安時代の語りを現代語でやれば、おそらくこんなふうになります。

とある日、学校に行って、図書室の机に座って、本を読みながら思索にふけってい
たとき、突然ドアを開けて、大声で叫びながら入ってきたのを、見て驚かれたが、こ
んどはその場にしゃがみ込んで、おいおいと泣き出すので、結局は見て見ぬふりされ
ていたのは、すごく面白かった。

図書室で本を読んでいた語り手は、二人の人物を見ているわけですが、敬語のある
なしによってそれが誰であるかを推定するのは、古文読解の常識にもなっています。

さて、話がずいぶん逸《そ》れましたが、そんな何かの影響ということではなく、ものご
との仔細《しさい》を見つめないでは済まない堀江敏幸の気性が、あのような文を書かせたとい
うことなのかもしれません。何に対しても丁寧《ていねい》で緻密《ちみつ》な人柄が生んだ文体だというこ
とです。

『洋梨を盗んだ少女』には、次のような一節もあります。洋梨を盗んだことがばれて
さんざん絞《しぼ》られたにもかかわらず、少女はその後も客としてたびたび店にやって来ま

す。それを知った「私」の動揺を描く場面です。

犯罪者特有の心理とも経営者にたいする挑戦とも解釈できようが、ぜんたいに丸みを帯びたやわらかな彼女の挙措《きよそ》に、攻撃的な雰囲気は微塵《みじん》もなかったから、こちらがわけもなくはらはらして、その店にしか入らないメーカーの、脂肪分が低くても味のしっかりしたフロマージュ・ブランを買うためにまわった乳製品のコーナーで、長期保存のきくミルクを選んでいる彼女と出くわしたときにも、すっかり動揺して視線を逸《そ》らすようなありさまだった。

（堀江敏幸『洋梨を盗んだ少女』）

これまた息の長い文ですから、多くの情報が盛り込まれて当然です。しかし、読み手は、実際の文字数以上にイメージを膨らませたはずです。

「攻撃的な雰囲気は微塵《みじん》もなかった。」と結ばずに、「攻撃的な雰囲気は微塵もなかったから、〜」と続くことで、読み手はまず言葉の迷宮に分け入ることを余儀《よぎ》なくされます。

そして、「その店にしか入らないメーカー」を読んで、この店はこれで一つのこだわりを持った店なのかと余計《よけい》なことを考え、「脂肪分が低くても味のしっかりしたフロマージュ・ブランを買うために」を読んで、語り手の健康への気配りを垣間《かいま》見ることになります。「長期保存のきくミルクを選んでいる彼女」も同じことで、彼女の生活スタイルをいやでも想像してしまいます。

つまり、「はらはらして」彼女から「視線を逸《そ》らす」、というそれだけのメッセージにとどまらず、私たちは別の何かをも受けとることになります。そして結果的には、重層的な、深みのある物語を読まされた気になるのです。

人柄が生んだ文体とはいいましたが、ここに作者のたくらみがないとは、やはり思えません。

第五章　それでも書けないという人へ

書くに値すること

今世紀に入って世界はますます混乱をきわめている。しかし、私たちは人類の全英知を集めてこれに立ち向かい、いつか必ず、世界平和を実現しなければならない。

たとえばこうした文章は、子どもが書いたものというならともかく、大人の書き物としては認めるわけにはいきません。ここには、「書くに値すること」が何も書かれていないからです。

何か読む以上、私たちはそこに発見を求めます。知らなかったこと、気づかなかったこと。つまり新しさを求めるわけです。だとすれば、書くべきことも決まってきます。自明のものではない、何か新しいこと。それしか書いてはならないのです。

何を書こうと人の勝手じゃないか。もちろんそのとおりでしょう。手帳に書く。日記をつける。読書ノートをこしらえる。自由にやっていいのです。しかし、人に読んでもらうことを前提に何かを書くなら、話は違ってきます。「世界平和を実現しなければならない」というような、ある意味わかりきった、それでいてどこか絵空事《えそらごと》のような話を書くわけにはいきません。

40年近く待った、本物のウナギ好きがいる。蒲焼きではなく卵である。東大の塚本勝巳教授（62）らが、グアム島の西でニホンウナギの卵を初めて採取した。1970年代から探し続けた小さな宝石は、たった1日半で孵《か》える。だから欧米系の別種を含め、天然の卵を見た者はいなかった。

ウナギの生態系は謎めく。研究チームはまず、日本の川を上る稚魚《ちぎょ》はマリアナ諸島あたりから海流に乗って来る、と突き止める。より若い魚を求めて航海を重ね、虹色に光る粒にたどりついた。

ウナギは春から夏、新月に近い時期に一斉《いっせい》に産卵するらしい。それが海底山脈上の狭い海域に特定されたことで、稚魚が健《すこ》やかに育つ条件が見えてくる。卵から成魚にもっていく完全養殖の実用化も早まるだろう。

博識のアリストテレスでさえ「泥中から生じる」と考えたウナギの神秘に、執念の長旅が終止符を打った。一心不乱《いっしんふらん》の歳月は裏切らないものだ。国産ウナギは稚魚の不漁を乗り越え、蒲焼きがさらに身近なごちそうになるかもしれない。待つ甲斐《かい》はある。

（二〇一一年二月八日刊　朝日新聞「天声人語」）

これは「天声人語」の抜粋ですが、「知らなかったこと」がたしかに書かれています。あまりにも衒学《げんがく》的過ぎれば鼻につきますが、何か書く以上、そこには新知識の披瀝《ひれき》があっていいでしょう。

ただ、知識的なことには限界もあります。気づいたら他人の受け売りばかりだった、ということにもなりかねません。そういう意味では、書くべきことは「知らなかったこと」ではなく、「気づかなかったこと」の中に求めるほうがいいといえます。

書きながら、発見していく

では、そういう「気づきのある文章」を書くにはどうすればいいのでしょう。実際に書いてみることです。そうすれば、発見は必ず得られます。そもそも言葉の媒介なしには、人の認識は深まりません。逆にいえば、言葉を綴ることで、見えなかったことが見えてくる――。そういう仕組みになっているのです。

――ゴールは後から見えてくる――。そうであるなら、書くことは発見の営みということになります。人は書きたいことがあるから書くのではありません。書くべきことを発見するために書くのです。（174ページ）

前章でそういいましたが、納得しない人もいたのではないでしょうか。私たちはたいてい何らかの要請があって、ものを書くのだ。「リレー作文」のような悠長《ゆうちょう》な真似をしている暇はないのだと……。

たしかに、そのとおりです。卒業生に向けて何か書いてほしい。たとえばそういう要請があればこそ、私たち教師は筆をとりますし、その意向に沿う形で何かをひねり出そうと、もがくのです。

では、どうもがくというのでしょう。何かネタがあるならともかく、気の利いた話を何もないところから拾うことはできるでしょうか。おそらくできません。どうすればいいのでしょう。

あまり気負わずに、やおら書き出してみるのです。宙を睨《にら》むのではなく、自分の中から偶然であろうと出てきた言葉、それを睨んでみる。そうすれば、ネタ以上のものが見えてきます。ネタはしょせん想像の範囲内のものですが、書きながら発見されたものは、いつだって想像を超えたものだからです。

そんな想像を超えた発見は、どんなふうになされるのか。実際に見てみようと思います。

田中慎弥《たなかしんや》という作家がいます。二〇一二年に『共喰い』という作品で芥川賞をとった作家です。「過去に三回候補になって三回とも落ちたんだから、本当なら辞退するのが礼儀だが、自分は礼儀知らずだからもらうことにした」——記者会見の席でそのように述べて大いに話題になった人物でもあります。そんな彼の掌編小説を読んでみてください。

雨が降っている日に町の小さな本屋へ行った。傘立てにこうもりを突き刺しておいてから、狭い店内をゆっくりと歩いた。雨は激しくなる気配があった。

レジの前には見慣れた、銀色の針の束をくわえたような髭を生やしている店主がいた。棚から選んだ一冊を私が差し出すと店主はその表紙をじっと見つめ、素早く紙袋へ入れた。

その途端、自分がどんな本を買ったのか分からなくなった。財布から金を出し、釣りをもらっても、確かに片手に持っている紙袋の中身が、どうしても思い出せない。するとすぐうしろの出入口の引き戸が開き、振り向く間もなく大柄な男二人に両腕を摑まれた。

「警察です。ご同行願います。」

大男たちは声を揃えてそう言った。とても、同行願う、などという雰囲気ではない。連行だ。こんな目に遭うのは勿論初めてだったので私はびっくりしていたものの、持っていた紙袋を取り上げられてしまうと、その中身さえ分かれば解放してもらえるとでもいうように必死に、どんな本だったかを思い出そうとした。

雨の中に無理やり連れ出されたので、

「ちょっと待って下さい。こうもりがあります。」と言ってみたが、店の前に停められていた車に押し込まれてしまい、身動き出来なくなった。運転手もまた、とてつもなく体が大きかった。走り出す前にもう一度本屋を見た。店主が髭を触りながら戸を閉めた。

これはどういうことですか、あなた方はいったい誰なんですか、と訊こうとしたが、どういうことなのかがはっきり分かったところでこの事態が一気に好転するとは思えないし、誰なんですかという質問にはさっき大男たち自身が声を揃えて答えてくれたところだったから、訊くことが何もないのと一緒だ。そう考えて私は一安心してしまった。

怖がっている間はまだ安全だが安心してしまったらそこでおしまいだ、と私は理解していながら、安心以外の感情を見出せなくなり、怖がるのよりもずっと深い安心の闇に意識が沈んでゆくのだった。

雨が街並を閉ざしていた。ここまで強く降ると逆に洪水さえ起こりそうになかった。海の存在も無意味だった。水はいまやいたるところに溢れ返り、水以外のものを暴力的に包み込もうとしていた。

それほど激しい雨だったから、車が到着した建物がどんな形でどのくらいの大きさなのかもよく分からなかった。大男たちに腕を摑まれて車から出されると、あっという間に屋内にいた。雨は窓硝子の外で、海流のように荒れ狂っていた。

廊下をあちこち連れ回された末に、ある一室に辿り着いた。壁も床も白く、照明の強い、狭苦しい感じの部屋だった。ベッドと洗面所、さらに風呂と便所まであった。窓は扉と正反対の側に一つだけあった。鉄格子の線が整然と雨に打たれていた。

私と大男たちのあとから小柄な、白い上っぱりを着た男が入ってきて私に質問した。

「体の具合は？」

「特に悪くは……」

「何か不安はありますか。」

「それも、特に……」

「ですよね。何しろここは三食つき、冷暖房完備、しかもただときてる。あなたは運がいい。」

「私はいつまでここに?」

「ずっといて構いませんよ。」

「ずっと。」

「ええ、死ぬまで。」

そう言うと笑顔で部屋を出、扉に鍵をかけた。

こうなった原因はやはりあの本に違いないので思い出そうとしたが、意味がないのでやめた。本屋に置いてきたこうもりはきっとまだあのままだろう。


（田中慎弥『田中慎弥の掌劇場』より『雨の牢獄』）

自分の中から偶然であろうと出てきた言葉。それを睨むのだということですが、この作品もまさしくそうやって書かれています。

棚から選んだ一冊を私が差し出すと店主はその表紙をじっと見つめ、素早く紙袋へ入れた。

このでまかせの一文が、

その途端、自分がどんな本を買ったのか分からなくなった。

を導き、

財布から金を出し、釣りをもらっても、確かに片手に持っている紙袋の中身が、どうしても思い出せない。

を導いています。

そして話は、ここから大きく展開します。警察が登場し、「私」は警察に連行された挙げ句に投獄される。一見、荒唐無稽《こうとうむけい》ですが、買った本のタイトルが隠されているため、それなりのリアリティがあります。つまり発禁本を手にしてしまったのだろうと読み手は考え、それはどんな内容のものか、どんな組織の罠《わな》にはまったのかなどと真面目に想像を巡《めぐ》らせてしまうのです。

「書き継ぐ」という観点でいえば、次の一文なども見逃せません。

これはどういうことですか、あなた方はいったい誰なんですか、と訊こうとしたが、どういうことなのかがはっきり分かったところでこの事態が一気に好転するとは思えないし、誰なんですかという質問にはさっき大男たち自身が声を揃えて答えてくれたところだったから、訊くことが何もないのと一緒だ。

つまり作者は、「警察です。ご同行願います。」というセリフを自分がすでに書いていることを覚えているのです。また、ここまでの有無をいわせぬ空気も把握している。だから、何を聞いたところで事態が好転するとは思えない、聞くことは何もないと、いやでもそう書くしかなかったのです。

前後の矛盾がないように書き継ぐというのは、こうした目線を維持することであり、プロの作家はそこをけっして踏みはずしません。

では、書いたことを睨みながら、書くべきことを書きつないでいく中で、作者は何を発見したでしょう。読者にとってもそれは一つの発見だったはずですが、みなさんはこの作品からどんな気づきを得たでしょう。

怖がっている間はまだ安全だが安心してしまったらそこでおしまいだ、と私は理解していながら、安心以外の感情を見出せなくなり、怖がるのよりもずっと深い安心の闇に意識が沈んでゆくのだった。

この一文に注目した人は多かったのではないでしょうか。

安心と恐怖を比べたとき、人間の足もとをすくうのは恐怖のほうです。しかし、抗《あらが》いようのない巨大なもの、たとえば強大な権力や有無をいわさぬ暴力を前にしたときには、私たちは恐怖を忘れ、深い安心に包まれてしまう。著者は書きながらそのことを発見したのです。この安心こそは恐怖よりも危険なものだと……。

また、次の個所も、書くことで見えてきたものでしょう。

雨が街並を閉ざしていた。ここまで強く降ると逆に洪水さえ起こりそうになかった。海の存在も無意味だった。水はいまやいたるところに溢れ返り、水以外のものを暴力的に包み込もうとしていた。

雨がとことん降ればどうなるか。作者は書きながら、まずそれを考えたのです。そして、洪水というものが、「水のあるところ」と「水のないところ」の差によって生ずるものであることに気づき、仮にその差がなくなれば、洪水そのものが起こらないのだと気づきます。

そしてさらには、「海」の本来的な機能についても発見します。つまり、川に溢れかえった水が大地に流れ出してしまわないように、その逃げ場として海はあるのだと気づくわけです。水が大地を覆《おお》ってしまっているいまとなっては、「海の存在も無意味」であると……。

プロの作家は色々なことをすでに知っていて、それを文章化しているだけだと思うなら間違いです。

プロの作家こそは、書きながら色々な発見をしていく人たちです。

ちなみにこの小説は、毎日新聞に毎回読み切りとして掲載されたもののうちの一つです。原稿用紙四枚足らずのまさしく掌編小説ですが、それでも毎回違うテイストの作品を書く苦労はあったはずです。にもかかわらず、彼がめげずにそれをやり切れたのは、書けば何かが見えてくることを経験的に知っていたからでしょう。

そして、そうやって見えてきたものの中にこそ、想像を超える新しさがあることを、彼らプロ作家たちはちゃんと知っているのです。

私は生徒に「リレー作文」を体験させたあと、詩を書かせることにしています。詩とはいっても、作文の延長くらいに考え、とにかく文を書き継ぐことを目標とします。その結果、何が見えてくるか。それを楽しみに待つというスタンスです。
生徒には次のようにアドバイスします。

① 書き出しで気負ってはならない。
② やおら書きはじめ、あとは根気よく文をつなぐ。
③ 最後に無駄な言葉を徹底的に刈り込む。

それでは、生徒が実際に書いた詩を読んでみてください。

アイス　一年五組　関根ひとみ

夏がきらいだ
汗をかくし、暑いから
それに腐りやすいから

食べ物にしても何にしても
後のお楽しみにとっておいた物も
すぐ駄目にしてしまう
でも夏のアイスは最高で
僕は大好きなんだ
凍ってるから腐らないし
傷みもしない。
僕の好きなアイス
とてもキレイで
美しい、僕の
愛す、
人。

この『アイス』という詩は、「夏がきらいだ」という力みのないつぶやきから始まります。そして、そう書いた以上、次はなぜ嫌いなのかを明らかにしなければなりません。あとは、そのくり返しです。

ところが、「腐らない」「傷みもしない」という言葉が引き出されたところで、書き手は「アイス」の映像的な美しさを発見します。そして次に「キレイ」と書いたとき、「アイス」は「愛す」に転換します。そして最終的には、「人」を発見します。あるいは、作者はこのとき恋をしていて、その〝想い〟こそは、発見された最大のものだったというべきかもしれません。

もう一つ、生徒が書いた詩です。

「最悩小説家」　一年四組　関根　歩

さてさて
いったい何を書こうか
書きたいことなど何もないが

僕の世界について書こうか
でもでも
それを書いてみても
きっと悲しく哀しい話になる
僕はずっと孤独だから
ぜんぜん
そんなの楽しくない
書いてもむなしくなるだけだろう
じゃあいったい何がいいか……
そうだそうだ
明るくきれいな話を書こう
家族にめぐまれ友達がたくさんいる
笑顔があふれる幸せな話を
いやいや

そんな話を書いたとしても
主人公達に嫉妬して
最後は不幸な結末にする
まったくまったく
自分勝手で醜《みにく》い僕
孤独もだめ幸福もだめ
じゃあ僕は何を望む

あ

いいことを思いついた
平穏で平凡で
不幸も幸福も等しくあるような
なんでもない話を書こう
読者はつまらないと言うだろう
でも僕はそれでいい

僕は自分勝手だから
これは僕が書く話だから

詩を書くようにいわれ、さて何を書こうかと、それこそ気負いなく書き出されたこの詩。大きな展開は、「孤独もだめ幸福もだめ　じゃあ僕は何を望む」によってもたらされます。「不幸も幸福も等しくあるような　なんでもない話」があるじゃないかと、書き手はそのことを発見するわけです。奇抜《きばつ》な発見ではありませんが、これは十分書くに値することです。

　ところで、最後に「読者はつまらないと言うだろう　でも僕はそれでいい　僕は自分勝手だから　これは僕が書く話だから」とあります。「自分勝手で醜い僕」と書いたことを書き手は覚えているのです。

　これこそは文と文をつなぐ力、すなわち書き継ぐ力です。文章への信頼は、その力なくして勝ちとることはできません。

〈書くことで見えないものが見えてくる。なるほどそうかもしれない。しかし、人は書かずとも、日常のふとした瞬間に人に伝えたくなるような発見をすることがあるのではないか……〉

そのとおりでしょう。そんな発見があったなら、ぜひ、書くべきです。それはまた書くに値するものだからです。次の短歌も、そうやって書かれた典型ではないでしょうか。

葛《くず》の花　踏みしだかれて、色あたらし。この山道を　行きし人あり
釈迢空《しやくちようくう》

民俗学者の折口信夫《おりくちしのぶ》は、釈迢空と号する歌人でもありました。この歌はその代表作ですが、一般にはどう読まれているのでしょう。

踏みしだかれている葛の花は、まだ色が新しい。つまり一人きりと思っていた山中

に、じつは先人がすでにいて、しかも、その人物はこの道を通ってまだ間もないのだ。そういった探偵の推理にも似た発見を読者もしてみせるのでしょうか。それとも、人間の心ないふるまいにもめげず、生の輝きを失うまいとする花を見て、「行きし人」への憎悪を新たにするのでしょうか。

しかし、この歌が伝えるメッセージは、そのどちらでもありません。

まず、「色あたらし。」の「。」ですが、これは句切れの位置を示すものです。「かな」や「けり」のような切れ字に相当するものと考えていいでしょう。つまり、ここで一つの感動が結ばれているわけです。

では、その感動とは何でしょう。踏みにじられた葛の花。その色は褪《あ》せるどころか、逆に生き生きとした新しい色彩を見せていたというのです。ああ、ひと足先にこの道を歩いた人がいたのだなあ……。これも感動には違いありませんが、「色あたらし。」よりは弱いものです。

花はきれいな姿で咲いていてほしい。これは、花を観賞物ととらえる人間の一方的な願望です。ところが自然の中で、花は嵐になぎ倒され、動物に踏みつぶされ、ときに食いむしられることだってあります。そして、そのいずれであったとしても、花はその本然《ほんぜん》を失うわけではありません。いましがた踏みしだかれた花もまた美しい。作者はそのことに気づきます。

この発見はきっと大きなものだったのでしょう。きれいに咲き続ける花と、踏みにじられた花に優劣の差はなかったのだ！　書かずにはいられなかったのです。

具体的なエピソードを盛り込む

他人の書いたものを読むというのは、エネルギーの要《い》る仕事です。文の長さ、文の運び、呼吸、言い回し。どれも自分のものと違うわけですから、それに合わせてこちらがチューニングし直さなければなりません。面倒な仕事なのです。

したがって、よほどうまくやらないと、人に自分の文章を読んでもらうことはできません。では、どうすればいいのでしょう。

書き出しで惹《ひ》きつける。これは大事です。

人は人を殺していいのである。

いい見本ではありませんが、たとえばこんな書き出しの文があったら、たいていの人はこの続きを読もうとするでしょう。

しかし、この手のやり方にはリスクもあります。書き出しで大風呂敷《おおぶろしき》を広げてしまったぶん、それに見合うだけの結末が用意できなければ、読み手を裏切ることになりかねません。

人に読んでもらおうと思うなら、エピソードを交えることです。発見のない文章はだめですが、具体的なエピソードのない文章もだめです。

そもそも、エピソードというのは書き手のみが知る知識です。それを交えるだけで、読者は新しいものを発見した気分になります。しかもこの知識、いくら披瀝しても衒学的だなどといわれる心配はありません。自慢話や身内を愛撫《あいぶ》するようなものはだめですが、そうでなければ、読者の欲求を一瞬にして満たすものです。

また、人の思考は具体と抽象のあいだを行き来しながら進むものだということです。具体的な話だけでは主張の全体像を示せませんし、抽象的なもの言いばかりしていても相手の心を打つことはできません。すなわち、具体と抽象を両翼とするなら、エピソードはその片翼を担う欠かせないものです。

エピソードを盛り込むことで、話はいやでも展開していくということも、つけ加えておきます。「読み手は展開を欲望する」という話はすでにしましたが、エピソードには場の空気を変える力があります。冒頭に置こうが、真ん中に置こうが、読み手はそれを読むことで視界の広がりを味わうことができます。

ということで、抽象的な話はこれくらいにして、具体例を示したいと思います。またもや私の文章で恐縮ですが、むしろ名文家のものよりも身近に感じてもらえるのではないでしょうか。いずれもエピソードを交えることを意識して書いた文章です。「学年だより」に載せたものですから、読者対象は生徒ということになります。

木目《もくめ》時間

　とことん怠《なま》け、深く退屈する経験が子どもには必要だ。そうやって倦怠《けんたい》を味わい尽くしたあと、怠けることにも倦《う》んで彼らは何かをし始める。真の自主性の誕生である――。

　そんな意味のことを何かで読んで、納得しながらも苦笑したことがある。小さい頃から怠け者だった私は、部屋に寝っ転がって天井の木目を見て過ごすことがよくあった。エネルギーを使いたくなかったのだ。勝手に画面が動くテレビはともかく、漫画本に手を出さなかったのは、これまたセリフを文字で追うのが面倒くさかったからである。

　では、そんなぐうたらな時間を過ごして私は何を得たのか。空っぽの自分である。勉強もできない、スポーツもできない、ギターも弾けない、彼女もいない。反動は高校時代に起こった。持たざるものすべてを手に入れないでは気が済まない。こんどはそんな狂気に取り憑《つ》かれ、特に木目時間に対してはこれを病的に忌《い》むようになった。

すなわち、無駄な時間を過ごすことを極端に嫌悪するようになったのである。真の自主性ならぬ、歪《ゆが》んだ自主性の誕生である。

さて、あれから三十五年、私はいまでもその続きを生きている。持たざるものを数え上げてはそれらを渇望《かつぼう》し、空回りを繰り返しているからだ。たとえば、私は運転途中の信号待ちの、あの木目時間に耐えることができず、そのわずか数十秒を読書に当てる悪癖を持っている。と、ここまで書いて、やはり聞いてみたくなった。君は木目時間を生きたことがあるか。ないというなら、さらに聞いてみたい。スマホや携帯を眺め過ごすあの時間は、何《なに》時間と呼べばいいのか。

もう一つ、これまた私の文章ですが、小説の引用から始めた文章です。

ほかならぬプライドのために

人間のプライドの窮極《きゅうきょく》の立脚点は、あれにも、これにも死ぬほど苦しんだ事があります、と言い切れる自覚ではないか。

（太宰治『東京八景』）

この謂《い》いでいくと、プライドは成功体験から生まれるのではなく、その逆ということになる。過去を振り返って、「うまくいかなかった。でも諦《あきら》めなかった」といえる経験がどれだけあるか。それこそがプライドの拠《よ》り所になるというのだ。

さて、そうであるなら、ここでいうプライドとは「誇り」と訳すようなものではないだろう。しいて言えば尊厳。つまりその人間が歯嚙《はが》みし、涙し、拳《こぶし》を握りしめた数に応じて得た「重み」を指すのである。

「誇り」ということでいうなら、むしろこんな思い出がある。大学の定期テストで、ある科目の答案を白紙で出した友人がいた。聞けば「勉強が間に合わなかったから」と言う。大学のテストは記述式である。「部分点をねらって何でもいいから書けばよかったんだ」しかし彼は笑っただけだった。誇り高い男だと思った。卑《いや》しい勝利よりも、彼は貴《たつと》い敗北を選んだのである。

「狭き門より入れ」とは聖書の言葉だが、広い安全な道を避けなければならない瞬間が人生にはたしかにある。ほかならぬプライドのためにだ。

文章の手入れ——ラッピングし、リボンをかける

文章を書くということの中には、「嘘をつく」ということがはじめから折り込まれています。にもかかわらず、事実に忠実になろうとするあまり、失敗する人は多いようです。とくにエッセーというと、見たり聞いたりしたこと、つまり事実を書くものと思っている人が多いのではないでしょうか。しかし、これは間違いです。虚構はあってもいいのです。

人に読んでもらう以上、事実を曲げ、装飾を加え、話を作り込んでいくことは、むしろ礼儀だということです。ラッピングをせず、リボンもかけず、むき出しのまま相手に渡す無礼——、これはぜひとも避けなくてはなりません。

「先生は、朝ご飯は何を食べてきたんですか」

生徒に聞かれたら、私はたとえばこんなふうに答えるでしょう。

「たいしたもの食べてないよ。パンにジャムを塗ったのとコーヒーでしょ。それとヨーグルト。グレープフルーツの切れはしが残ってたから、それもちょっと齧《かじ》ってきたけどね」

たいしたことないといいつつ、なかなかおしゃれな朝食ではありませんか。実際は冷や飯をみそ汁と一緒にかき込んできただけだったとしても、朝食をとらなかったとしても、私はやっぱりこんなふうに答えてしまうでしょう。

もちろん、嘘つきで、不誠実な人間だからではありません。その逆です。せっかく質問をしてくれた生徒を失望させたくないし、その期待に誠実に答えたいからです。

同僚の美術の先生に聞いた話です。ギリシャ彫刻に躍動感はあるが、蠟人形にはそれがないというのです。むしろ死人に見えると。なるほど、そういえば蠟人形はいかにも生彩を欠いています。

「蠟人形にはたとえばマリリン・モンローというモデルがあって、それと比較されてしまうからじゃないですか。その点ギリシャ彫刻はモデルと比べようがないからずるいですよね」

私がいうと、美術の先生はそうではないといいます。いくら生彩を欠いているといっても、リアリティということでいうなら蠟人形のほうがまさっている。それにギリシャ彫刻のあの手足のバランスでは歩くことさえままならないだろう。にもかかわらず、ギリシャ彫刻のほうが生き生きしていて、蠟人形は死んでいる。

抽象や捨象がないからだそうです。

よくいわれることですが、日常会話を録音し、それをそのまま会話文として筆記しても、逆にリアリティは損なわれます。小説にそのまま用いることはできません。どうも、それと同じことのようです。

大いに強調すべきところを強調し、省《はぶ》くところは省く。ときにはあらぬものをつけ加え、あるべきものを無視する。文章同様、彫刻にもそうした手入れ、いわゆるデフォルメが必要だということなのでしょう。

ことばで表現されたものは、現実そのものではない。似ているが異なるものだ。いま見たもの、触れたことはこういうものであってほしい。そんな夢と期待が、ことばとなって現れるのだ。小説も評論も詩も、文学のことばであることに変わりはない。区別しないで見ていく。

（荒川洋治『文学のことば』）

ラッピングし、リボンをかけた贈り物に、夢と期待を抱かない人はいません。同じように、表現には虚構が含まれているからこそ、人はそこから夢や期待を引き出そうとします。

エピソードの必要を訴えましたが、そのエピソードも虚構であっていいのです。

おわりに

小説で新人賞をとった人が「これは私がはじめて書いた小説です」などといえば、たいていの人は「嘘をつけ」と思うでしょう。賞に応募したのははじめてでも、習作は数知れず書いているはずだと……。

はじめて書いた小説がいきなり○○賞！

なるほど、そんな話があれば刺激的ですから、事実を曲げる受賞者は実際にいるのかもしれません。しかし、この手の話は、たぶん本当なのだろうと私は思っています。「読み」の巧者は、いざ書き手になれば、やはりうまいものを書くに決まっているからです。

そうです。その人たちはきっと読める人たちなのです。

世間において、この読むという行為はずいぶん軽んじられています。

「自由にやったらいい」

「人がとやかくいう筋合いのものではない」


しかし、豊富な読書量を誇る人が、にもかかわらず書けずにいる現実を見るにつけ、やはり不安を感じます。自由な「読み」は、結局は我流のそれへと閉じていき、最終的には何も生み出さないのではないかという気がするのです。

いいえ、どう読んだってかまいません。ただ、書き手に転ずるための「読み」はたしかにあるということです。読み方しだいでは、一夜のうちに小説を書き上げてしまうことだってあり得るということです。

さて、そうはいっても、書くことについてはまだ難しい問題も残っています。それを最後に一つ二つ申し述べておきます。

小説は作者が何かを偏愛するところから始まるのに、今回の候補作には何かどうしてもという愛が感じられない。小説を書くことの方が先に目的としてあったように思えるという意見があった。受賞作なしは仕方ないのではないか。

これは第142回（平成二十二年）芥川賞の選評です。約一〇年ぶりに「該当者なし」となったことへの釈明として、選考委員の池澤夏樹《いけざわなつき》が語った言葉です。ここには何か摑みどころのない、しかし見過ごせない問題が含まれています。対象に向けられた愛。それがないなら、文章はただの形式に堕《だ》するというのです。文章の宛先である読み手に届く力が、はたして自分の書いたものの中にあるかどうか。これは「愛」というキーワードに照らして、今後検討していく必要がありそうです。

山路《やまみち》を登りながら、こう考えた。
智《ち》に働けば角《かど》が立つ。情《じょう》に棹《さお》させば流される。意地を通せば窮屈だ。とかくに人の世は住みにくい。

住みにくさが高じると、安い所へ引き越したくなる。どこへ越しても住みにくいと悟った時、詩が生れて、画《え》が出来る。

（夏目漱石『草枕』）

これを読むと漱石の芸術観が見えてきます。そして、書くことの意味にも気づかされます。人の世にあって生きにくいと感じたとき、それでも生きていかなければならないとなれば、詩を書くしかないではないか、というのです。

現実を超えた非現実の世界——。

荒川洋治の言葉ではありませんが、書くことの中には、やはり「現実そのものではない」「夢と期待」が含まれていなければなりません。そして、そういう〝書くこと〟を裏で支えるのが、じつは生きにくさであること。これは、ぜひ心にとめておきたいと思います。

参考資料・引用文献一覧

・『現代思想について』（小林秀雄／新潮ＣＤ講演）
・『批評理論』（丹治愛編／講談社選書メチエ）
・『新文学入門』（大橋洋一／岩波書店）
・『国語の授業が楽しくなる』（向山洋一／明治図書）
・『牛をつないだ椿の木』（新美南吉／角川文庫）
・『羅生門・鼻』（芥川龍之介／新潮文庫）
・『古事記』（倉野憲司校注／岩波文庫）
・『ギリシア神話』（高津春繁訳／岩波文庫）
・『批評の解剖』（ノースロップ・フライ／海老根宏・中村健二・出淵博・山内久明共訳／法政大学出版局）
・『全訳読解古語辞典』（三省堂）
・『太宰治と外国文学』（九頭見和夫／和泉書院）
・『新編シラー詩抄』（小栗孝則訳／改造社）
・『物語の構造分析』（ロラン・バルト／花輪光訳／みすず書房）
・『記号学の冒険』（ロラン・バルト／花輪光訳／みすず書房）

参考資料・引用文献一覧

・『文学とは何か』（T・イーグルトン／大橋洋一訳／岩波書店）
・『草の花』（福永武彦／新潮文庫）
・『風立ちぬ・美しい村』（堀辰雄／新潮文庫）
・『手の変幻』（清岡卓行／講談社学術文庫）
・『文学の方法』（川本皓嗣・小林康夫編／東京大学出版会）
・『夏目漱石全集10』（夏目漱石／ちくま文庫）
・『太宰治全集10』（太宰治／ちくま文庫）
・『青べか物語』（山本周五郎／新潮文庫）
・『若い詩人の肖像』（伊藤整／新潮文庫）
・『文藝春秋』（二〇一〇年三月特別号／文藝春秋）
・『おぱらばん』（堀江敏幸／新潮文庫）
・『田中慎弥の掌劇場』（田中慎弥／毎日新聞社）
・『走れメロス』（太宰治／新潮文庫）
・『文学のことば』（荒川洋治／岩波書店）
・『草枕』（夏目漱石／新潮文庫）

切りとり線

★読者のみなさまにお願い

この本をお読みになって、どんな感想をお持ちでしょうか。祥伝社のホームページから書評をお送りいただけたら、ありがたく存じます。今後の企画の参考にさせていただきます。また、次ページの原稿用紙を切り取り、左記まで郵送していただいても結構です。

お寄せいただいた書評は、ご了解のうえ新聞・雑誌などを通じて紹介させていただくこともあります。採用の場合は、特製図書カードを差しあげます。

なお、ご記入いただいたお名前、ご住所、ご連絡先等は、書評紹介の事前了解、謝礼のお届け以外の目的で利用することはありません。また、それらの情報を6カ月を越えて保管することもありません。

〒101-8701（お手紙は郵便番号だけで届きます）
祥伝社新書編集部
電話03（3265）2310
祥伝社ホームページ　http://www.shodensha.co.jp/bookreview/

★本書の購買動機（新聞名か雑誌名、あるいは○をつけてください）

＿＿＿＿新聞の広告を見て	＿＿＿＿誌の広告を見て	＿＿＿＿新聞の書評を見て	＿＿＿＿誌の書評を見て	書店で見かけて	知人のすすめで

★100字書評……書く力は、読む力

名前
住所
年齢
職業

鈴木信一　すずき・しんいち

1962年、埼玉県生まれ。横浜国立大学教育学部国語科卒業。現在、埼玉県の公立高等学校に勤務。2007年、早稲田大学文学研究科派遣研究員。著書に、『800字を書く力』(祥伝社新書)、『文才がなくても書ける小説講座』、『子どもの国語力は「暗読み」でぐんぐん伸びる』、『受験生のための現代文読解講座』がある。
著者メールアドレス　kakutikara2008@yahoo.co.jp

書《か》く力《ちから》は、読《よ》む力《ちから》

鈴木《すずき》信一《しんいち》

2014年9月10日　初版第1刷発行

発行者……………竹内和芳
発行所……………祥伝社しょうでんしゃ
〒101-8701　東京都千代田区神田神保町3-3
電話　03(3265)2081(販売部)
電話　03(3265)2310(編集部)
電話　03(3265)3622(業務部)
ホームページ　http://www.shodensha.co.jp/

装丁者……………盛川和洋
印刷所……………萩原印刷
製本所……………ナショナル製本

Printed in Japan　ISBN978-4-396-11380-3　C0281

〈祥伝社新書〉
日本語を知る・学ぶ

042
高校生が感動した「論語」
慶應高校の人気ナンバーワンだった教師が、名物授業を再現!
元慶應高校教諭 佐《さ》久《く》 協《やすし》

102
800字を書く力
小論文もエッセイもこれが基本!
感性も想像力も不要。必要なのは、一文一文をつないでいく力だ!
埼玉県立高校教諭 鈴木信一

179
日本語は本当に「非論理的」か
物理学者による日本語論
曖昧《あいまい》な言葉遣いは、論理力をダメにする! 世界に通用する日本語用法を教授
神奈川大学名誉教授 桜井邦《くに》朋《とも》

267
「太《だ》宰《ざい》」で鍛える日本語力
『富《ふ》岳《がく》百景』『思い出』『グッド・バイ』……太宰治の名文を問題化した一冊
カリスマ塾講師 出《で》口《ぐち》 汪《ひろし》

355
あの歌詞は、なぜ心に残るのか
Jポップの日本語力
歌詞に込められた意図を、日本語文法の専門家が読み解く
岐阜大学教授 山田敏弘